Reader Gruppendynamik

Anita Zimmermann (Hrsg.)

Reader Gruppendynamik

Band I

Kreativität

Lehr- und Forschungsinstitut
für Gruppendynamik und
Analytische Organisationsberatung

Die Reihe „Reader Gruppendynamik" erscheint un-
regelmäßig und wird herausgegeben von:

Deutsche Akademie für Analytische
Organisationsberatung e. V. (DAO)
Maximiliansplatz 17 / 2
80333 München

Redaktion:
Lehr- und Forschungsinstitut
für Gruppendynamik und
Analytische Organisationsberatung
http://www.lfi-dao.de
reader@lfi-dao.de

Bibliografische Information der Deutschen
Nationalbibliothek
Die Deutsche Nationalbibliothek verzeichnet diese
Publikation in der Deutschen Nationalbibliografie;
detaillierte bibliografische Daten sind im Internet
über http://dnb.d-nb.de abrufbar

ISBN 978-3-8370-4261-0

Originalausgabe - 2., erweiterte Auflage
August 2008
© für diese Ausgabe:
2008 Deutsche Akademie für
Analytische Organisationsberatung
Umschlag / Bildredaktion:
Anita Zimmermann, Andreas Kliemchen
Herstellung und Verlag:
Books on Demand GmbH, Norderstedt

Inhalt

Vorwort...5

Kreativität und Frieden
Rudolf Selinger...9

Werkstattbericht: Klausurtagung 2006
KREATIVITÄT UND WERTSCHÖPFUNG
Anita Zimmermann..27

Kurzer Rückblick: Klausurtagung 2007
KREATIVITÄT UND FREIHEIT
Anita Zimmermann..39

**Über unterschiedliche Führungsstile
in Organisationen und Gruppen**
Albrecht Göring..42

Konflikt als Chance
oder: „Was machen die denn da?"
Cornelia Jeschonnek...79

Wenn Leiter nicht leiten
Doris Wolters...98

Tao und Gruppe
Armin Pesch...118

Was ist Liebe?
Josef A. Schmelzer..130

Autoren...133

Vorwort

Dieser Reader ist dem Institutsleiter Rudolf Selinger anlässlich seines 60. Geburtstags gewidmet, er ist der Erste in einer lang ersehnten und hoffentlich erfolgreichen Reihe von Veröffentlichen des Lehr- und Forschungsinstituts für Gruppendynamik und Analytische Organisationsberatung – LFI Düsseldorf.

Der Themenschwerpunkt Kreativität als die Fähigkeit, in konstruktiver Neugier auf Dinge und Menschen zuzugehen, etwas noch nie dagewesenes aus bereits gelebten Erfahrungen heraus neu zu schaffen, ist ein wichtiger Aspekt für die oft lustvolle Arbeit am Lehr- und Forschungsinstitut. Das Leben und Lernen, verstanden als lebenslanger Prozess der Ich-Erweiterung, ist eben mehr als eine teleologische und effektive Re-Produktion.

Der große, durchaus auch kritische Kreis an Menschen, die an der Arbeit des Instituts interessiert und beteiligt sind, macht die Vielfalt an Themen und handlungsrelevanten Auseinandersetzungen erst möglich. Die Spannungsbögen kontroverser theoretischer Betrachtungen und ihre Bedeutung für die Praxis zu bündeln, ihnen im eigenen gruppendynamischen und theoretischen Verständnis einen identitätserweiternden Platz einzuräumen, ist eine Kunst, die der Institutsleiter Rudolf Selinger in besonderer Form beherrscht. Seine raumgebende Art – „nicht in die eigene Tasche zu wirtschaften" – zeichnet ihn in besonderer Weise aus. Vielen Dank!

Dieser Reader gewährt Einblicke in die konkrete Arbeit des Instituts, die persönlichen wie organisationsstrukturellen Veränderungen innerhalb von Ausbildungssituationen, die Auseinandersetzungen mit - besser das

„In-Beziehung-Setzen" zu - anderen philosophischen Betrachtungen und er setzt sich mit der gesellschaftsbildenden und -gestaltenden Kraft emanzipatorischer Bildungsprozesse auseinander.

Im ersten Beitrag kommt der Jubilar und Institutsleiter Rudolf Selinger selbst zu Wort. Sein Vortrag „Kreativität und Frieden" bietet einen Einblick in verschiedene, uns berührende Menschen- und Gesellschaftsbilder.

Im zweiten und dritten Beitrag gewährt Anita Zimmermann einen direkten Blick in einen wichtigen Teil der Arbeit am LFI Düsseldorf – die aufregende Arbeit in und mit Klausurtagungen. Der Werkstattbericht aus der Evaluation der Tagung 2006 „Kreativität und Wertschöpfung" und der Rückblick auf die Tagung 2007 „Kreativität und Freiheit" beschreiben das gemeinsame kreative Ringen um konstruktive Strukturen.

Der dritte Beitrag von Albrecht Göring beschäftigt sich mit verschiedenen Führungsstilen in Organisationen und Gruppen und stellt unterschiedliche Betrachtungsmöglichkeiten von Leitungsverhalten vor, dabei wird die Notwendigkeit, einen eigenen kreativen Führungsstil zu entwickeln, deutlich.

Im vierten Beitrag zeigt Cornelia Jeschonnek die Chancen konstruktiver Konfliktbearbeitung auf. Sie betrachtet unterschiedliche Rollen in konkreten Konfliktsituationen. Dabei steht die Bedeutung gruppendynamischer Prozesse im Vordergrund.

Auch der fünfte Beitrag von Doris Wolters bezieht sich auf eine reale Arbeits- und damit Lebenssituation. Wenn Leiter nicht leiten und Organisationen defizitäre Strukturen aufweisen, wird kaum Raum geboten für eine konstruktive (nicht einmal destruktive) Auseinandersetzung - kreatives Arbeiten wird „lahm gelegt".

Der sechste Artikel von Armin Pesch führt in das spannende Thema Tao und Gruppe ein. Die Spannungsbögen aus verschiedenen Kulturen, von Kognition und Emotion, verlangen nach einem kreativen Umgang und Humor.

Josef Schmelzer stellt im siebten und letzten Beitrag die Frage „Was ist Liebe?". In seinem kurzen aber wichtigen Beitrag wird die Liebe als sanfte, uns antreibende Kraft, die uns gelassen Standpunkt beziehen lässt, in Szene gesetzt.

Bei der Zusammenstellung der Beiträge konnte mit Freude auf einen umfangreichen Pool an Kompetenzen und Themen zurückgegriffen werden, sodass eine baldige zweite Veröffentlichung geplant ist.
Weitere Informationen zu den Autoren und zum LFI finden Sie unter http://www.lfi-dao.de.

Allen Autoren und Autorinnen gilt mein herzlicher Dank. Aber auch allen anderen an der Gestaltung dieser ersten Veröffentlichung Beteiligten möchte ich an dieser Stelle danken. Sie haben sehr viel Liebe, Geduld und Arbeit in dieses Projekt investiert, ohne die dieser Reader nicht möglich gewesen wäre.
Mein Dank gilt auch Mareile Reiners für die Korrektur des Textes.
Besonders bedanken möchte ich mich bei Andreas Kliemchen, dessen Einsatz weit über ein Praktikum hinausging.

Düsseldorf im April 2008
                                    Anita Zimmermann

Kreativität und Frieden*

Rudolf Selinger

Ich möchte meine Ausführungen heute beginnen mit
einem Zitat von Alfred North Whitehead:
„Unabhängig vom Detail und unabhängig vom System
ist die philosophische Betrachtung der Welt selbst die
Grundlage für unser Denken und Leben. Die Art von
Ideen, die wir beachten, und diejenigen, die wir in den
unbedeutenden Hintergrund stellen, bestimmen unse-
re Hoffnungen, unsere Ängste und beherrschen unser
Verhalten. So, wie wir denken, leben wir. Darum ist
das Sammeln philosophischer Ideen mehr als nur ein
Studium für Spezialisten. Es formt den Typ unserer
Zivilisation."[1]
Also lade ich Sie ein, zu Ihrer Sammlung die folgenden
Ideen und Überlegungen hinzuzufügen – vielleicht ist
Brauchbares dabei.
Im Wesentlichen stütze ich mich dabei auf Aufsätze
oder Werke von Günter Ammon, Alfred North White-
head und Spiridon Koutroufinis.

Kreativität
ist ein schwer zu fassender und zu beschreibender Begriff.
In der Philosophie bietet meiner Meinung nach Whitehead das interessanteste und am deutlichsten ausfor-
mulierte Modell von Kreativität - und zwar im Verständnis als schöpferische Kraft im Ereignis. Kreativität ist seiner Auffassung nach schon in jedem Elementarteilchen der Welt enthalten. Das Elementare (was
in anderen Philosophien Gott darstellt) in seiner Pro-

---

* Vortrag gehalten am 29.02.2008 im LFI Düsseldorf
1 Whitehead 2001

9

zessphilosophie nennt er Kreativität.[2] „Dabei ist seine Prozessphilosophie keine Substanz-Ontologie, sondern geht davon aus, dass die elementaren Realitäten der Welt Ereignisse sind, die Whitehead actual entities – aktuale Entitäten nennt."[3]

Die kleinsten Elementarteilchen sind seiner Auffassung nach nicht Substanzen, sondern Ereignisse von extrem kurzer Dauer und mit bipolarem Charakter. Diese elementaren Prozesse, aus denen makroskopische Realität besteht, sind nicht weiter zerlegbar. (vgl. Koutoufinis 2002)

Soweit ein kurzer Einblick in die Prozesstheorie, deren Aussage interessanterweise gut in den Forschungen der Quantenphysiker Bestätigung findet. Und gerade die Quantenphysik – besonders mit ihrer Holismustheorie – bietet brauchbare Modelle für das Verständnis und die Beschreibung sozialer Belange.

Halten wir an dieser Stelle fest:

Kreativität ist, prozessphilosophisch gesehen, die Universalie der Universalien.

Josef Ratzinger hat in den späten 60er Jahren aufgezeigt, dass die Schöpfung kein in der Vergangenheit stattgefunden habendes Ereignis sei, sondern jetzt stattfindet, er lehnte sich dabei deutlich an Heideggersches Denken an. Mit diesen Ausführungen rückt er das Schöpferische, das Kreative, in die Ebene der täglichen Lebens- und Verantwortungsbereiche und in den Bereich des Seinselementaren.

Auch Martin Buber hat in seinen Vorlesungen „Religion als Gegenwart" einen besonderen Prozess heraus

---

2 Whitehead 1995
3 Koutroufinis 2002

gestellt, zu welchem er sagt, dass er (gemeint ist Religion) als unbedingte Gegenwart nie Zukunft war und nie Vergangenheit werden kann. Er beschreibt dies als das „Wirklichste des Wirklichen", was in diesen Ausführungen zu verstehen ist als das eigentlich Seiende, das Schöpferische. Er lenkt den Blick weg von der Beobachtung hin zum Nicht-Beobachten, zum Sein und Schöpfen als Dialog – und mit Gott als dem Dialog des Dialoges. Auch hier lässt sich leicht vermuten, dass das Kreative in das Jetzt – und in der Folge als ewiges Jetzt gestellt wird.[4]

Humanstrukturelles Verständnis
Wenden wir uns unserem Bereich, dem des Lehr- und Forschungsinstitutes, zu. Wir sind vor allem interessiert an der Ausdifferenzierung eines Menschen- und Weltbildes, das nahe der Wahrheit liegt, das - um es mit Heidegger zu sagen - die Wahrheit raunen hört. Wir sind deshalb daran interessiert, da das Hauptanliegen des Institutes einerseits in der Beratung von Menschen und sozialen Einheiten liegt und sich andererseits - als Herzensangelegenheit - in der Aus- und Weiterbildung von Menschen aus verschiedenen Quellberufen zu Beratern in verschiedenen Disziplinen verdeutlicht.
Hier werden wir – ausgehend von den eben kurz angeschnittenen philosophischen Überlegungen – unsere Betrachtungsweise auf ein Menschenbild auch in psychodynamischer und soziodynamischer Hinsicht skizzieren müssen.
Die Ich-Struktur eines Menschen kann als manifestierte Sozialenergie betrachtet werden, das heißt, die

---

4 vgl. Horwitz 1978

unbewusste Dynamik von Gruppenprozessen ist entscheidend für den Aufbau menschlicher Identität.

Nicht mechanistische Triebeinflüsse oder biologische Faktoren sind für Entwicklungsprozesse bedeutsam, sondern die Dynamik, das Organische, das Prozesshafte und das Laterale in sozialen Einheiten – von besonderer Bedeutung ist dabei der Einfluss der Primärgruppe in ihrer unbewussten Dynamik als identitätsstiftendes Geschehen.

Dass bei der Geburt eines Menschen gerade einmal 10 % der Synapsen und ihre entsprechende Verbindungen entwickelt sind - dass aber dabei das Potential der Verbindungsmöglichkeiten schier unermesslich und ihre Vielfalt noch nicht reduziert bzw. strukturiert ist - lässt die soziale Bedingtheit, die „Vergrupptheit"[5] menschlichen Seins ahnen.

Welch einen Grund hätte eine intelligente Evolution, ihre Formen so unterentwickelt in einen Entwicklungsprozess zu werfen, wenn nicht den eines „updates" nach jeder Geburt, nämlich um Menschen in „Echtzeit" mit neuesten sozialen Erkenntnissen und Werten auszustatten. - Hier treffen wir auf deutliche Spuren kreativen Geschehens.

In diesem Zusammenhang ist auch die Vorstellung beachtenswert, dass schon die pränatale Entwicklung des menschlichen Embryos auf gruppendynamische Faktoren angewiesen ist, die sich »durch die Mutter und ihre Position im gruppendynamischen Geflecht der Gruppe (vermittelt)«.[6]

Die enorme Bedeutung dieser ontogenetischen Phase für die Urformung des menschlichen Leibes - der primären Ich-Struktur - macht deutlich, in welchem

---

5 Foulkes 2007
6 Ammon 1995

Grad auch die physisch-materielle Seite des Menschen in sich geronnene Sozialenergie enthält.[7]
Wir verstehen Kreativität nicht nur als das Vermögen, Neues zu entdecken oder zu erschaffen, sondern auch als einen Prozess. Wir grenzen uns damit von der Sublimierungs-Theorie Freuds und anderer ab, die Kreativität als Ergebnis von Triebabwehr verstehen; statt dessen begreifen wir sie als eine zentrale Ich-Funktion, »die sowohl die Triebentwicklung, als auch die Entwicklung der (anderen) Ich-Funktionen begleitet und unterstützt«.[8] Kreativität ist immer ein Geschehen, ein «zwischenmenschliches Geschehen«, wie Günter Ammon schreibt. Kreativ sein bedeutet »neugierig zu sein und auf andere Menschen und Dinge zu zugehen«.[9]
Das Kreative wird nicht als etwas aufgefasst, das im «Inneren« des Individuums aufkommt und nach »Außen« geht, um teleologisch seine Ziele zu verwirklichen, sondern als ein Prozess, der die sozialenergetische Anziehung und Herausforderung von außerhalb der Ich-Grenzen benötigt, um sich selbst zu konstituieren – es ist ein laterales, zumindest bilaterales Geschehen.
Die konkrete kreative Aktion setzt eine oder mehrere Gruppen voraus. Im Rahmen einer dynamischen Auffassung der Kreativität können wir sogar mit Ammon von »Kreativität als Grenz- und Identitätsgeschehen« sprechen. Damit wird ein äußerst grundlegender Punkt dieser Kreativitätstheorie angesprochen: Mit diesem Begriff beziehen wir uns primär auf dramatische, oft auch lang anhaltende Entwicklungen, während derer die Identität des Individuums tief greifend und irreversibel transformiert wird. Der kreative Prozess ist nach

7 Koutroufinis 2002
8 Ammon 1998
9 Ammon 1982

Ammon[10] immer von einem Identitätsrisiko begleitet.[11] Kreativität ist deutlich von der Genialität zu unterscheiden: Letztere ist an geistreiche Gedanken gebunden, erstere an die Verwirklichung dieser.

Der »tertiäre Denkprozess« und der »kreative Akt«

Mit dem Begriff »tertiärer Denkprozess«[12], meinen wir einen geistigen Zustand, der den ganzen Menschen - manchmal über sehr lange Zeiträume hinweg erfassen kann. Als Bewusstseinszustand befindet er sich zwischen den Zuständen des Wachens und des Schlafes und in ihm fallen das links- und das rechtshemisphärische Denken zusammen (ebd.). Nach Ammon verfügt der tertiäre Denkprozess »über ein differenziertes, reflektierendes Bewusstsein, das aber vom Bewusstsein des sekundären Denkprozesses unterschieden ist«.[13] Er siedelt ihn zwischen der unbewussten und der bewussten geistigen Aktivität an, also zwischen dem primären und dem sekundären Denkprozess Freuds, da er Momente von den beiden anderen integriert und dennoch ist er »in seiner Qualität ein völlig unterschiedlicher, weil dieses Denken begleitet ist von einem zentralen Identitätsrisiko, etwas Neues zu wagen im Sinne eines Sich-Einlassens und Neu-Abgrenzens«.[14]

Der tertiäre Denkprozess ist ein Gruppenereignis, das sowohl das kreative Subjekt als auch die Gruppe verändert, insofern stellt er ein Identitätsrisiko für alle Subjekte dar, die nie wieder dieselben sein werden.

Der tertiäre Denkprozess ist nicht ein besonderer Fall von Kreativität, sondern derjenige Bewusstseinszustand des Individuums, der den kreativen Prozess her-

---

10 Ammon 1979
11 vgl. Koutroufinis 2002
12 Ammon 1998, 1982
13 Ammon 1998
14 Ammon 1979

vorbringt. Er zeichnet sich durch eine »differenzierte Interdependenz der Ich-Funktionen im Umgang mit den Momenten der äußeren und inneren Situation« aus, wobei gilt, dass die Ich-Funktionen und »besonders die Ich-Funktion der Abgrenzung, verbunden mit einer besonderen Offenheit für Denken, Erotik und Aggression« besonders beweglich sind.[15]

Wir gehen aus von einer Interdependenz aller Ich-Funktionen beim kreativen Prozess, die währenddessen in diesem besonderen Zustand sind. Das heißt, die Ich-Grenzen der Persönlichkeit sind gegenüber dem eigenen Unbewussten und der Gruppe sehr aufgeweicht, sogar teilweise offen, so dass unbewusste Affekte bis in die Gruppe hinein gelangen können, ohne vom Bewusstsein ausreichend verarbeitet zu werden, was bedeutet, »dass die Gruppengrenzen partiell zur Grenze des Menschen werden«.[16]

Wir trennen die Begriffe »kreativer Akt« und »kreativer Prozess« klar voneinander. Der »kreative Akt« ist der Abschluss des tertiären Denkprozesses. Während der kreative Prozess sich als ein Identitätsproblem entfaltet, bewirkt der kreative Akt die »Integration der im Laufe des kreativen Prozesses in Bewegung gebrachten Momente«, so dass er den Menschen zu einer neuen, erweiterten Identität verhilft. Wir sehen im kreativen Akt eine Ablösung von der Symbiose mit dem Problem, das den Menschen während des kreativen Prozesses beschäftigte.,[17]

Der kreative Akt als Abschluss der Identitäts-Stiftung »beinhaltet eine Veränderung der zentralen Ich-Struktur«[18] und dient der erneuten Abgrenzung der

---

15 Ammon 1982
16 Ammon 1979
17 vgl. Koutroufinis 2002
18 Ammon 1982

Person von der Gruppe, die ihr diese Selbststrukturierung überhaupt ermöglicht hat. Mit dem Gewinn eines neuen Ich-Profils wird ein erneutes Heraustreten aus der Symbiose mit der Gruppe faktisch realisiert.

Nach unserem Verständnis sind alle zentralen Ich-Funktionen auch Gruppen-Funktionen, d.h. auch die Funktion der Kreativität verdankt ihre Existenz der Gruppendynamik. So gesehen ist der kreative Akt eine Abgrenzung gegenüber seiner eigenen Wurzel. Günter Ammon beschrieb dieses Ereignis wie folgt:»Dieses Heraustreten aus der Symbiose mit der Gruppe (meine ich) bezeichnet den eigentlichen schöpferischen Akt und gibt diesem den Charakter des existentiellen Wagnisses«[19].

Hinzu kommt noch die Verantwortung, durch den Austritt aus der Symbiose die Gruppe ebenfalls irreversibel zu verändern.

Vergleich mit prozessphilosophischem Verständnis
„Diese Vorstellungen entsprechen der Prozessphilosophie, die keinen substanziellen Bestand der Subjekte annimmt, sondern sie erst durch die Relationen mit Ihresgleichen entstehen lässt".[20] Besondere Aufmerksamkeit verdient die Unterscheidung Ammons zwischen dem kreativen Denkprozess und dem kreativen Akt, „denn sie entspricht der Whiteheadschen Scheidung zwischen Prozess und Abschluss dessen durch Eingehen in die Welt. Der Whiteheadsche Prozess ist die Reifung einer ursprünglich holistischen Erfassung der Welt vom sich selbst strukturierenden Subjekt zu einer konkreten Perspektive, die in einer Stellungnahme gegenüber den Daten der Welt besteht. Das gereifte Subjekt springt dann aus diesem Zustand der

19 Ammon 1998
20 Koutroufinis 2002

16

Potentialität heraus und wird zu einem lokal begrenzten, raumzeitlichen Dasein; somit gewinnt es einen abgegrenzten Standpunkt gegenüber der Welt, von der es herstammt. Das Vertreten dieses Standpunkts über seinen Ursprung macht es zu einem objektiven Bestandteil der Welt, die somit gerade durch diese Reifung verändert wurde".[21]

Man kann aus der Sicht Ammons das Werden der Prozess-Subjekte der Ontologie Whiteheads als Identitätsentwicklungen durch das Einnehmen einer begrenzten, lokalen Perspektive der Spiegelung der erfassten Welt begreifen. Die Phase der »Erfüllung« ist die der endgültigen Abgrenzung von einer Art Symbiose mit der Welt und mit dem Problem der (interpretativen) Positionierung ihr gegenüber, die zur Identitäts-Stiftung des Individuums führt und durch Objektivierung die Welt (und Gott) verändert.

„In diesem Sinne ist die psychophysische Ganzheit eines psychologischen Ereignisses in einer Gruppe eine explizite Spiegelung bestimmter Aspekte der aktuellen und vergangenen Gruppendynamik. Die Gruppe bietet dem psychologischen Ereignis durch ihre Begrenzung eine verwandte, seine abgrenzende Konkretisierung fördernde Mitwelt, und durch seine Eingliederung in sie gestaltet es seinen weite ren (weniger klar bekundeten) Bezug zum universalen Geschehen. Seine psychophysische Beschaffenheit ist vor allem Resultat seiner internen Relationen zu den anderen Gruppenmitgliedern. In diesem Sinne ist es durch und durch ein Gruppenereignis. Ein Mensch, der einen umfangreichen sozialenergetischen Austausch hatte und hat, ist einer, dessen psychologische Ereignisse wesentlich als Gruppenereignisse gestaltet wurden".[22] Das bedeu-

21 Koutroufinis 2002
22 Koutroufinis 2002

tet, dass auch die physische Seite ihrer Natur (die pri-
märe Ich-Struktur) durch fördernden Gruppenkontakt
entstanden ist. Das besagt nichts weniger, als dass die
Physis des konkreten Individuums der materielle Nie-
derschlag seiner Gruppengeschichte ist, denn sie ist
die physische Seite der Folge von psychologischen Er-
eignissen, deren Konkretisierung die jeweils aktuelle
Gruppendynamik deutlich spiegelte.[23]

Frieden
„Bellum omnium contra omnes" und „homo homini lupus" aber auch „homo homini lepus" prägen das negative Weltbild von Thomas Hobbes. Die Gründe für
diese Annahmen liegen einerseits im Wettstreben und
in der Sucht nach Ruhm – menschliche Eigenschaften, die einer grundsätzlich boshaften Veranlagung
entspringen. Als drittes kommt dann noch „Argwohn"
hinzu.
Der von Misstrauen getragene Mensch muss annehmen, sein Gegenüber sei auf seinen Reichtum und seine Freiheit aus, deshalb wird er präventiv diese Gefahr ausschalten.
Mehr noch als ein ‚natürlicher' animalischer Wesens-
zug des Menschen ist es also seine rationale Antizipa-
tion, die ihn in den Krieg zwingt. Infolge dieses Krieges
leben die Menschen „in ständiger Furcht und der dro-
henden Gefahr eines gewaltsamen Todes", ihr Leben
ist „einsam, armselig, scheußlich, tierisch und kurz."
Der Mensch ist also kein „zoon politikon", wie bei Aristoteles, sondern durch Verlangen, Furcht und Vernunft gekennzeichnet und wird geleitet durch ein verderbliches
Zusammenspiel des „Wölfischen" und des Rationalen in

---

23 vgl. Koutroufinis 2002

ihm, nicht durch Nächstenliebe. Er ist prinzipiell egoistisch und asozial. Auch Willensfreiheit besitzt er nicht.
Aus diesem Zustand erwächst die Notwendigkeit für
eine übergeordnete, allmächtige Instanz, die Sicherheit und Schutz bietet. Durch einen Gesellschaftsver-
trag übertragen alle Menschen unwiderruflich „alle
Macht" und insbesondere ihr Selbstbestimmungsrecht
„einem Einzigen [...] oder aber einer Versammlung, in
der durch Abstimmung der Wille aller zu einem gemeinsamen Willen vereinigt wird."
Der Staat durch Vertragsschluss entsteht durch die
Angst der Menschen voreinander. In dieser Konsequenz verzichten alle auf ihr Naturrecht und schaffen
durch eine „Vereinigung aller zu ein und derselben
Person" den Staat, den Hobbes „Leviathan" nennt und
als „Sterblichen Gott" bezeichnet.
*Die Angst der Bürger vor der Macht des Staates ge-
währleistet Frieden.*
Ich habe deshalb Hobbes ausgewählt, da seine negative Grundhaltung oft argumentiert wird und den einzelnen Menschen „entantwortet".
Frieden durch Angst? Überwindung der boshaften
Veranlagung durch Angst? Ich vermag dem nicht zu
folgen, nach unserem oben aufgezeigten Weltbild würde defizitäre oder negative Gruppendynamik den Na-
turzustand des Menschen herstellen bzw. begründen.
Betrachten wir aber archaische Kulturen, Kulturen,
die nach Analogien der Mutter oder besser der Androgynität ausgerichtet sind, so finden wir keine Bestätigung einer negativen Grundhaltung, vielmehr
basieren solche Kulturen auf Vertrauen, Freiheit und
Wertschätzung.

Alfred North Whitehead

In seinem Buch „Abenteuer der Ideen" nennt **A**lfred North Whitehead als notwendige Eigenschaft für Zivilisation zuerst die Wahrheit und bezeichnet sie als eine der beiden „großen regulativen Qualitäten, durch die sich das Erscheinende vor dem unmittelbaren Urteil des Subjekts rechtfertigt".[24]

Er führt aus, dass die Wirklichkeit nichts anderes als wirklich sei; die Wahrheit sei die Anpassung des Erscheinenden an die Wirklichkeit.

Eine zweite Eigenschaft dieser großen regulativen Qualitäten ist die Schönheit, sie besteht in der wechselseitigen Anpassung der verschiedenen Faktoren innerhalb eines Erlebnisvorganges.

Wahrheit und Schönheit gemeinsam zeigen sich in der dritten Eigenschaft, der Kunst einer Zivilisation.

Eine vierte Eigenschaft einer Zivilisation ist der Sinn für das Abenteuer. Ausgehend von der Einsicht, dass die statische Erhaltung eines Zustandes der Vollkommenheit nicht möglich ist, sind Fortschritt und Niedergang die einzigen Möglichkeiten, die der Menschheit offen stehen.

Schließlich beschreibt er die fünfte, letzte und wichtigste Eigenschaft einer Gesellschaft, die als zivilisiert bezeichnet werden kann:

„Aber es gibt etwas, was in diesem Bild noch fehlt. Und es ist sehr schwierig, es so auszudrükken, dass der umfassende Sinn, in dem es gemeint ist, auch getroffen wird.

Andererseits hört es sich nur allzu leicht übertrieben an, wenn man es ganz klar und nach allen Richtungen hin zu erläutern versucht. Es hält sich

24 Whitehead 2000

als ein irgendwie modifizierendes Agens habituell am Rande unseres Bewusstseins auf, umgibt die platonische »Harmonie« wie eine Aura und verträgt sich nicht ganz mit seinem »Eros«. Auch die platonischen »Ideen« und »mathematischen Beziehungen« haben allem Anschein nach eine abtötende Wirkung auf das, was ich hier meine, weil ihnen »Leben und Bewegung« fehlt.

Das Streben nach »Wahrheit, Schönheit, Abenteuer und Kunst« kann ohne dieses Element hart, rücksichtslos und grausam werden und so ein wesentliches Charakteristikum der Zivilisation verlieren. Die Begriffe »Sanftmut« und »Liebe« sind hier viel zu eng, so wichtig sie im Übrigen auch sein mögen. Wir brauchen *hier* einen Begriff für eine allgemeinere Qualität, aus der sich »Sanftmut« als ein Spezialfall ergibt.

In gewisser Weise geht es uns um den Begriff einer Harmonie der Harmonien, der die übrigen vier Grundqualitäten untereinander verbindet und aus unserem Begriff von Zivilisation jenen rastlosen Egoismus ausschließt, von dem das Streben nach ihnen bisher nur allzu oft begleitet gewesen ist. »Persönliche Neutralität« klingt viel zu tot, und »Sanftmut« ist bei weitem zu eng. Also werde ich die Harmonie der Harmonien, die die destruktiven Turbulenzen besänftigt und die Zivilisation vervollständigt, »Frieden« nennen. Man kann eine Gesellschaft also als zivilisiert bezeichnen, wenn ihre Angehörigen fünf Grundqualitäten anstreben: die Wahrheit, die Schönheit, die Kunst, das Abenteuer, und den Frieden.“[25]

„Der Frieden, der hier gemeint ist, hat nichts mit einem negativen Begriff der Bewusstlosigkeit zu tun. Er

---

25 Whitehead 2000

ist vielmehr ein höchst positives, »Leben und Bewegung« der Seele krönendes Gefühl, das sich schwer definieren und über das sich überhaupt nur unter den größten Schwierigkeiten sprechen lässt. Es handelt sich bei ihm nicht um eine zukunftsbezogene Hoffnung, auch nicht um ein bestimmtes Interesse an Details der Gegenwart.

Es handelt sich vielmehr um so etwas wie eine Erweiterung, ein Umfassender-, Deutlicherwerden unseres Fühlens, das auf eine tiefe, noch nicht zur Sprache gekommene, aber für die Koordination unserer Werte höchst bedeutsame Einsicht zurückgeht.

Der erste spürbar werdende Effekt ist ein Nachlassen des Aneignungsstrebens, das auf der Voreingenommenheit der Seele von sich selbst beruht. Der Frieden führt also zu einem Über-schreiten des rein Personalen und zu gewissen Umkehrungen in der Rangfolge unserer Werte.

In erster Linie handelt es sich beim Frieden um ein Vertrauen auf die Wirkenskraft der Schönheit, um das Gefühl, dass die ständige Verfeinerung des Erreichten uns gleichsam einen Schlüssel an die Hand gibt, der uns einen Zugang zu Schätzen verschafft, den die beschränkte Natur der Dinge sonst vor uns verborgen hält. Es steckt in ihm also so etwas wie ein Ergreifen des Unendlichen, ein Appell, der über alle Schranken hinausgeht. Im emotionalen Bereich führt er zu einer Dämpfung störender Turbulenzen.[26]

Eigener Standpunkt

Krieg muss es nicht geben, der Krieg wird unserem Verständnis nach ersetzt durch ein Verständnis von Aggression als primär konstruktives Geschehen. Im

---

26 Whitehead 2000

Sinne eines ad gredi wird sie, die Aggression, betrachtet als das energetisch Wirksame des Menschen, getragen von sozialenergetischen Bedingungen.

Frieden ist kein Zustand des Nicht-Krieges, kein passives Nicht-Erleben, Frieden ist vielmehr ein aktives Ringen um Verständnis und Integration:

Erstens: Verständnis für menschliches Sein und ganzheitliches Verstehen von universellem Geschehen – so anspruchsvoll diese Forderung sich scheinbar zeigt, so bescheiden fügt sie sich diesem Geschehen.

Nicht eine Überprüfung von Erlebtem oder Erlebbarem auf die Verwertbarkeit für das Selbst und für eigenes materielles oder geistiges „Privatisieren", also Rauben (das, was ich gerne als „in die eigene Tasche wirtschaften" bezeichne) ist dabei im Sinne, sondern die Überprüfung des eigenen Seins, des eigenen Erlebens auf die Bedeutung für das Ganze hin ist Beweggrund für Empfindungen und die Farbe des Spürens und des Wissens.

Zweitens: Integration von allem in seinem So-Sein. Auch Fremdestes gehört zum Menschen, zu meinem Sein dazu, Abspaltung und Aufspaltung in „Gut und Böse" heben Evolution und damit Schöpferisches in die Ebenen der Unlösbarkeit. Erst wenn wir begreifen, dass die entfernteste Tat mit uns zu tun hat, dass ausserkörperlich Menschliches und Nicht-Menschliches in uns eine Entsprechung hat und zu unserem personalen Sein dazugehört, könnte es uns gelingen, uns in uns selbst zu befrieden und als verantwortliche Leistung für das Ganze in uns - pars pro toto - Frieden zu schaffen.

Aber innerer Frieden ist gebunden an korrespondierende, reziproke Prozesse im zwischenmenschlichen Bereich, er ist nicht nur ein intrapersonelles, sondern

auch ein interpersonelles Geschehen. Ähnlich unserem
Verständnis von Identität ist er – als ein besonderer
Qualitätszustand eben dieser Identität – formal an sie
gebunden und wird sich in ihr zeigen. In der zeitlichen
Dimension ist Friedensfähigkeit zur Gegenwart hin
offen und veränderbar; hier steht sie im engen Austausch mit Entitäten räumlicher und zeitlicher Nähe.
Spürbar und nicht selten erkennbar wird dies in Momenten von besonderem Geöffnetsein, in „kreativen
Ausnahmezuständen", wie wir sie oben beim kreativen
Prozess beschrieben haben. Gerade die Gruppendynamik, die in der Form der psychoanalytischen Studiengruppe die Aufgabe hat, Erlebniszustände und unbewusste Prozesse zu studieren bzw. den Gehalt und die
Bedeutung für den Einzelnen herauszustellen, lässt
solche kreativen Prozesse erleben und begreifen, was
ich mit meinen Ausführungen meine.

Wenn wir oben von ganzheitlichem Verstehen von universellem Geschehen sprechen, dann nicht im Sinne
eines rationalen oder intellektualisierten Anspruchs;
ähnlich einem primärprozesshaften Erfassen werden
Zusammenhänge in unser Identitätsgeschehen integriert und als „Erkenntnis" zur personalen Einheit
erweitert, diese Erkenntnis ist unauflöslich mit der eigenen Identität vereint und kann nicht mehr aufgelöst
werden. Insofern ist der Frieden ebenso untrennbar in
die personale Einheit integriert, da er mit dem „Begreifen", der „Erkenntnis" verbunden ist.

Innerer Frieden hat viele Qualitätszustände, die ähnlich der Identität in mehrdimensionalem Verständnis
ihren Ausdruck finden. Frieden kann eben auch ad-
jektivisch benutzt werden, und auf dieser Sichtebene
sind alle menschlichen Aktionen, intra- oder interper-

sonell, mehr oder weniger friedlich – entsprechend der Identitätsentwicklung eines Menschen.

Gesunde und identische Menschen sind immer friedlich.

Auf dem Wege zu friedlicher Gesinnung und friedlichem Erleben ist die Kreativität unverzichtbarer Weggefährte; denn die Kreativität – die wir ja nicht als entsprungen aus Notsituationen des Krieges erkennen, sondern einerseits als notwendige Kraft in der Situation eines Widerstreits sehen (ähnlich, wie Heraklit es eigentlich gemeint haben mag) und die uns andererseits - aus der Lust geboren - aus eigenem Recht zu Schöpferischem treibt, diese Kreativität bedeutet, wie Josef Ratzinger es andeutete, die schöpferische Auseinandersetzung mit „Geschöpftem“, bedeutet Verantwortung für Welt und Leben.

Es bedeutet auch, sich als dieser Welt und diesem Leben zugehörig zu erkennen und diese Welt und dieses Leben als das „Seinige“ zu begreifen.

Martin Buber hat gesagt, Ich und Du, wir sind die Selben, aber eben anders – und dies beschreibt ganz gut mein Verständnis von Welt und Sein von einem anderen Standpunkt aus.

Frieden und Kreativität zeigen sich im Ausdruck eines Menschen – nicht, wie (deskriptiv betrachtet) aggressiv ein Mensch sich gibt, darum geht es nicht. Der vehemente Einsatz körperlichen, geistigen oder psychischen Ausdrucks sagt nichts über die Friedlichkeit und Friedfertigkeit eines Menschen, erst sein Umgang mit diesen nach außen gebrachten Gefühls-, Geistes- und Körperzuständen, sein Vertrauen und seine Bereitschaft, daraus Neues zu schaffen und nicht Altes zu bekriegen, zeigen uns seinen Frieden.

Die Kreativität als Human- und Sozialfunktion ist es, die friedliches Handeln und Frieden möglich macht. Aus der Not geborene Erfindungen und geniale Leistungen sind erbracht worden, auch dies kann durchaus eine kreative Leistung darstellen – die kreative Leistung zur Herstellung von Kriegsgerät ist allerdings ein missbräuchlicher Einsatz kreativer Möglichkeiten.

Aber bei der unerfreulichen Betrachtung dieser Umstände nähern wir uns dem befremdlichen Werk Leviathan von Thomas Hobbes.

„Friedensfähigkeit bedeutet geistige Stärke, Kreativierung und Erotisierung der dem Menschen gegebene Lebenszeit, sie bedeutet Toleranz, Interesse, Humanität und Liebe."[27]

Wenn einmal der Friede genügend ersehnt wird, dann wird der Friede kommen. Er muss in den Menschen selbst sein. (Edgar Cayce)

Literatur

- Ammon, Günter: Der mehrdimensionale Mensch; Berlin 1995
- Ammon, Günter, Hrsg.: Handbuch der Dynamischen Psychiatrie 1; München 1979
- Ammon, Günter, Hrsg.: Handbuch der Dynamischen Psychiatrie 2;München 1982
- Ammon, Günter, Hrsg.:Gruppendynamik der Kreativität; Eschborn 1998
- Bateson, Gregory: Geist und Natur, Frankfurt am Main 2002
- Buber, Martin: Das dialogische Prinzip; Heidelberg 1984
- Esfeld, Michael: Holismus; Frankfurt am Main 2002
- Held, Werner: Die eins und die zwei; Berlin 2000
- Hobbes, Thomas, Leviathan, Hamburg 2005
- Horwitz, Rivka: Buber's Way To I And Thou; Heidelberg 1978
- Koutroufinis, Spiridon: Das Prozess- und Kreativitätsverständnis der Berliner Schule für Dynamische Psychiatrie in: Dynamische Psychiatrie Heft 194/195; Berlin 2002
- Whitehead, Alfred N.: Abenteuer der Ideen, Frankfurt am Main 2000
- Whitehead, Alfred N.: Denkweisen, Frankfurt/ Main 2001

---

27 Ammon 1995

Werkstattbericht: Klausurtagung 2006
KREATIVITÄT & WERTSCHÖPFUNG

Anita Zimmermann

Im Sommer 2006 – als die Welt zu Gast bei Freunden war - fand die erste Klausurtagung des LFI Düsseldorf in Italien – dem Land der Weltmeister - statt. Ein großes Abenteuer! Diese Klausurtagung war in vielerlei Hinsicht besonders, nicht nur, dass sie die erste und damit mit hohen Erwartungen verbunden war, sie war auch existentiell, da alle Ausbildungsmitglieder und solche, die es eventuell werden wollten, teilnahmen. Alle Leiter, Teilnehmer und teilweise deren nicht teilnehmende Partner lebten auf dem Tagungsgelände. Das Tagungsgelände gehört der DAP und ist von den vielen dort schon gelebten Klausurtagungen geprägt – also ein sehr energetischer und traditionsreicher Ort – an dem wir zu Gast bei Freunden waren.

So wies diese Tagung einige Paradoxien und Herausforderungen auf. Der Instituts- und Tagungsleiter war ein sehr erfahrener Leiter, der aber noch keine eigene Klausurtagung geleitet hatte, der Tanztheatergruppenleiter, ebenfalls ein sehr erfahrener Leiter, hatte keine eigene Tanztheatererfahrung und der Kindergruppenleiter hatte noch keine Klausurtagungserfahrung. Im Leitungsteam herrschte somit eine kreative Aufbruchstimmung, aber auch eine erhebliche Unsicherheit. Die beiden Leiter aus München, die unser Leitungsteam bereicherten und die bereits viele Klausurtagungen auf diesem Gelände mitgestaltet hatten, waren Verfechter der „alten" Tradition, die das ganze Tagungsgelände prägte. Das „Kopieren" der eher therapeutisch angelehnten und patriarchalen Strukturen wurde von den Düsseldorfer Leitern tendenziell eher abgelehnt, sie wollten aus den bereits gemachten und noch zu machenden Erfahrungen eigene neue Strukturen und Werte schöpfen. Der Bogen der verschiedenen Lebens- bzw. Klausurtagungsstile war breit gefächert und oft gespannt.

Die Last - aber auch die Lust - der kreativen Gestaltung der Klausurtagung lag fast ausschließlich in der Leitergruppe, da keiner der Teilnehmer Klausurtagungserfahrungen hatte und durch das „Mitbringen" der nicht teilnehmenden Partner eine „Flucht" nach daußen immer möglich schien.

Die besondere Milieudynamik dieser Klausurtagung, in der es viele Paare gab, (auch der Tagungsleiter arbeitete mit seiner Partnerin im Leitungsteam), war sehr „intim". Die meisten Menschen kannten sich gut aus der freundschaftlichen und partnerschaftlichen Zusammenarbeit des Düsseldorfer Instituts, die räumliche (Leiter wohnten im Haupthaus) und zeitliche (viele Kontrollgruppen) Trennung von Leitern und Teilnehmern wurde von den Teilnehmern als „herrschaftlich" empfunden und abgelehnt, nur den Kinder gelang der „herrschaftsfreie Dialog" mit den Leitern zu jeder Zeit und völlig selbstverständlich. Die Kindergruppe genoss das Hier und Jetzt der Klausurtagung in vollen Zügen, somit musste die Dynamik der Großgruppe eine konstruktive sein. Zwei Teilnehmer haben sich im Anschluss an die Klausurtagung zur Ausbildung zum Konfliktberater angemeldet.

Evaluation

Ca. 6 Wochen nach der Klausurtagung wurden Fragebögen verschickt und von allen ausgefüllt (von den Leitern aus München leider nicht). Die Ergebnisse der qualitativen Forschung beziehen sich auf die persönlichen Erwartungen, die erreichten und nicht erreichten Ziele, die Gruppenprozesse und die Humanfunktionen der Angst, Aggression und Kreativität. Sie wurden in ihren drei Ausprägungen, nämlich konstruktiv, destruktiv und defizitär, den Gruppen und den Gruppenphasen zugeordnet.

Konstruktive Aggression steht für Umweltgerichtetheit und Umweltoffenheit, als kreatives „ad gredi" ermöglicht sie uns das aktive Zugehen auf andere Menschen und neue Dinge. Die destruktive Aggression wehrt solche Beziehungen aktiv ab, die defizitäre Aggression erscheint oftmals als depressive, fehlende Kontaktaufnahme mit der Außenwelt.

Die Angst als zentrale Ich-Funktion ist zur Bewältigung von Realität unbedingt erforderlich. Als konstruktiver Ich-Anteil ermöglicht sie eine behutsame Veränderung. Ist die Angst überdimensioniert (destruktiv), erschwert sie Handlungen, wird sie negiert (defizitär), verhindert sie konstruktive Auseinandersetzung (auch mit sich selbst).

Die konstruktive Kreativität als die Fähigkeit, seine Ich-Grenzen zu öffnen, um Neues zu entdecken und zu sich in Beziehung zu setzen, steht somit im engen Zusammenhang mit der konstruktiven Aggression und Angst.

Ergänzend gab es „Forschungsgruppen" zum Humanstrukturellen Tanztheater, dem Humanstrukturellen Tanz und zu den Test-Auswertungen (ADA, ISTA, Gießentest), die jeweils zu Beginn und am Ende der Tagung ausgefüllt wurden. Zwei Semester später wurden die Ergebnisse der Gruppen erneut vorgestellt und in gemeinsamer Arbeit reflektiert. Dieser Werkstattbericht versucht einen Einblick in diese Metakommunikative Arbeit zu ermöglichen.

Um in die Auswertung der Klausurtagung einzusteigen, bietet sich die Betrachtung des Humanstrukturellen Tanztheaters an. Hier spiegelt sich der Verlauf der Tagung wieder und die später dargelegten Daten lassen sich mit Vorstellungen und Bildern verknüpfen.

Humanstrukturelles Tanztheater:

„Das Göttliche in uns"

Das Humanstrukturelle Tanztheater bestand aus 5 Akten.
1. Akt: die Schöpfung
    Kindergruppe: Rapemama
2. Akt: das Leben
3. Akt: Glaube, Liebe, Hoffnung
4. Akt: das Fest des Wunderbaren

Das von den Leitern vorgeschlagene Thema: „Götter und Göttinnen zu Gast in Paestum" wurde von der Gruppe nicht aufgenommen, die Identifikation mit personifizierten Göttern bzw. deren Anteilen lehnten die Gruppenteilnehmer ab, das allgemein Göttliche in jedem wollte von der Gruppe entdeckt und gestaltet werden.

Der erste Akt der Schöpfung war sehr langatmig, unstrukturiert und disharmonisch. Die Teilnehmer hatten wenig Kontakt untereinander und zum Publikum, das untereinander ebenfalls wenig Kontakt hatte. Die ganze Situation machte einen angespannten, angstbesetzten Eindruck. Die Teilnehmer stellen sich nicht vor, sie traten nicht als Individuen aus der Gruppe hervor. Die Gruppe erschien sehr lange hilflos und suchend. Das Gebären der Schöpfung war ein mühevoller und zäher Prozess.

Die Aufführung der Kindergruppe war thematisch und szenisch nicht in das Tanztheater integriert, sie hatte eher eine Gastrolle.
Die Kindergruppe nahm sofort Kontakt zum Publikum auf, was die Situation deutlich entspannte. Sie hatten Freude, in verschiedene, auch gegensätzliche Rollen zu schlüpfen und sie zu integrieren (z.B. Fußballer-Clown oder Prinzessin-Hexe). Die (Kinder-)Gruppe bemühte sich, ein noch außen stehendes Mitglied in die Gruppe zu integrieren, was ihr auch gelang. Alle Teilnehmer waren als solche erkennbar und die Gruppe gab sich einen Namen – Rapemama - eine Zusammensetzung aus allen Vornamen.

Im Anschluss füllten die Kinder und ihre Eltern den Zuschauerkreis.

Der zweite Akt des Lebens beschäftigte sich mit den Themen: Begegnung – Arbeit – Trennung – Ich und Du.
Die Kleidung und die Musik wurden farbiger. In Phasen schwerer Arbeit wurde Kontakt gesucht und sich dabei an den „vorarbeitenden" Frauen orientiert. Die Gruppe hatte die Tendenz zur Paarbildung.
Es gab immer noch keinen Kontakt zum Publikum, das immer noch recht angespannt wirkte.

Im dritten Akt von Glaube, Liebe und Hoffnung wurde erstmals Kontakt mit der Zuschauergruppe aufgenommen. Die Stimmung war von Erfurcht und Demut geprägt. Dieser Akt hatte eine Choreographie und einen strukturierten Ablauf, der den Teilnehmern Sicherheit bot.

Vor dem vierten Akt, dem Fest des Wunderbaren, schlossen sich die Lücken im Publikum, es kam Erleichterung auf. Die Musik war fröhlich und auffordernd, die Kostüme waren farbenfroh und durch den Einsatz bunter Tücher erschienen die Tänzer noch bewegter, der Raum wurde völlig ausgefüllt. Es herrschte ein „kreatives Chaos", von dem auch die Kameraführung eingefangen wurde. Erstmals kam in der Zuschauergruppe „gute Laune" auf.

Die Tanztheateraufführung spiegelt durchaus die Dynamik der Tagung wieder. In der narrativen Auswertung der Tagung ergaben sich interessante Phänomene.
Die Anfangsphase war in den Kleingruppen bestimmt durch konstruktive Angst und konstruktive Aggression.
In der Schutz gebenden Großgruppe mit ihren humanstrukturellen Tanzsitzungen, Seminarabenden und dem Tempelbesuch waren konstruktive und destruktive Aggressionen grundlegend.
In der „Milieugruppe", darunter werden alle informellen Aktivitäten, auch mit den nicht teilnehmenden Partnern, – eine Art aktiver „Zuschauer" und „Gäste" – verstanden, war die Aggression in allen drei Ausprägungen bestimmendes Element. Auffallend ist hier

auch der Anteil der destruktiven Angst und Kreativität.

Die „Gäste" übernahmen viele Auseinandersetzungen, die eigentlich den Leitern galten. Diese Situation erschwerte das Schließen der Gruppengrenzen, da durch die nicht teilnehmenden Partner das sich nicht verändernde „Draußen", immer auch anwesend war.

Die Kindergruppe eroberte schnell und spielerisch das Gelände, genoss das Hier und Jetzt - die Sonne, den Swimmingpool, nette neue Menschen und nicht zuletzt das „Freihaben" von oft behütenden Eltern. Durch ihre kontaktfreudige Art integrierten sie auch die „Zuschauer".

In der Mittelphase nahm die Angst in den Kleingruppen stark ab, in der Tanztheatergruppe blieb sie noch erhalten. Die konstruktive Kreativität nahm stark zu (in der Studiengruppe waren destruktive und defizitäre Ausprägungen ebenfalls deutlich vertreten).
Ein Schwerpunkt blieb in der konstruktiven und destruktiven Aggression (letztere nahm in der Tanztheatergruppe zu, in der Studiengruppe gab es auch defizitäre Anteile). Die Themen Begegnung – Arbeit – Trennung – Ich und Du als Suche nach Kontakt finden sich hier wieder.
Die Großgruppe mit den humanstrukturellen Tanzsitzungen, den Seminarabenden, aber auch den Marktbesuchen, luden zum Ausprobieren neuer Lebensstile ein. Hier waren konstruktive Aggression und Kreativität bestimmende Anteile.
In der „Milieugruppe" blieben die Strukturen relativ starr. Die destruktive Aggression nahm etwas ab und

ermöglichte auch hier das Keimen konstruktiver Kreativität.

In der Trennungsphase nahm die konstruktive Angst wieder leicht zu. Die Aggressions- und Kreativitätsanteile blieben relativ stabil, in der Tanztheatergruppe stieg der konstruktive Kreativitätsanteil noch einmal an, was durch die Aufführung zu erklären sein könnte.

In der Großgruppe macht die Zunahme an destruktiver Aggression die Trennungswut erkennbar, die beim Abschiedsessen auch deutlich die Situation bestimmt hat. Aber der Zugewinn an konstruktiver Kreativität (z.B. Kleidungsstil und Diskussionsfreude) konnte als Zugewinn beibehalten werden. Das farbenfrohe kreative Chaos als Feier des Wunderbaren hat es also auch in der Klausurtagung gegeben und so wie die Zuschauer und Kameraführung eingefangen wurden, so veränderten sich auch die „aktiven Zuschauer" in der „Milieugruppe", die konstruktive Kreativität blieb auch hier als Veränderungsansatz erhalten.

Die „Milieugruppe" trug auch in dieser Phase einen Großteil der Auseinandersetzung, die in den Kleingruppen nicht stattfinden musste, da die Konflikte mit nach „draußen" genommen wurden und dort mit zusätzlichen „Bündnispartnern der Nicht-Veränderung", also den nicht teilnehmenden Partnern, nicht gelöst werden konnten und sollten. So erzeugte die leiterlose „Milieugruppe" auch die größte Angst in der Trennung, die ja keine echte Trennung darstellte, da man ja zusammen blieb, nur ohne die Schutz bietende Großgruppendynamik.

Testauswertungen

Die Veränderungstendenzen, die sich in den Testauswertungen darstellen lassen, sind sehr individuell und
werden an dieser Stelle nicht besprochen, nur die Faktoren und Ergebnisse, die für die Klein- und Großgruppen relevant waren und Gruppenveränderungen bele-
gen, sollen hier in aller Kürze vorgestellt werden.

Der Gießentest hinterfragt Personenmerkmale in den
Bereichen Soziale Resonanz, Dominanz/ Gefügigkeit,
Kontrolle, Grundstimmung, Durchlässigkeit und sozi-
ale Potenz.

Die Tanztheatergruppe erschien zu Beginn der Veran-
staltung in ihrer Grundstimmung überdurchschnitt-
lich depressiv und konnte dies am Ende abmildern.
Die Gruppe schätzte sich am Ende der Tagung domi-
nanter, sozial potenter und mit höherer positiver Resonanz versehen ein, dabei war die Annäherung der
Gruppenwerte in den Bereichen Durchlässigkeit und
Soziale Potenz sehr auffallend, ob dies durch die non-
verbale Arbeit und die Tanztheateraufführung kommt,
können erst weitere Auswertungen kommender Klausurtagungen zeigen.

In der Selbsterfahrungsgruppe war die Heterogenität
der Selbsteinschätzung – besonders im Bereich der
Durchlässigkeit – sehr ausgeprägt, außerdem waren
hohe Werte im dominanten Verhalten, die stabil blieben, auffällig.

Der Ich-Strukturtest nach Ammon (ISTA) misst die
Ich-Strukturanteile der Aggression, der Angst und der
Abgrenzung nach Innen und Außen, den Narzissmus
und die Sexualität jeweils in den Dimensionen konstruktiv, destruktiv und defizitär. Die größten Veränderungen gab es in den Bereichen der Abgrenzung
nach Innen und nach Außen. Bei allen Teilnehmern

war ein Zuwachs an konstruktivem Narzissmus zu verzeichnen.

Der Ada, der das weibliche und männliche Rollenspektrum in der Selbst- und Fremdeinschätzung darstellt, ergab bei vielen Menschen einen Zuwachs im weiblichen und/oder männlichen Verhaltensspektrum, wobei sich die Selbst- und Gruppeneinschätzung am Ende häufig annäherten.

Erkenntnisinteresse

Eine solche Klausurtagung wird als Bildungsveranstaltung, die sie ist, von den Erwartungen und Erkenntnissinteressen der Teilnehmer und Leiter geprägt, sie stecken gemeinsam den Handlungs- und Erfahrungsspielraum, den Spannungsbogen aus Theorie und Praxis als aktiven Bildungsprozess ab.
Viele Teilnehmer hatten lediglich ein technisches und praktisches Erkenntnisinteresse. Durch die Einnahme einer mehr oder weniger passiven Rolle des Lernenden oder des Beobachters verstanden sich die Gruppemitglieder vielfach nicht als aktive Gruppengestalter im Hier und Jetzt der Klausurtagung.
Einige Teilnehmer versprachen sich primär „einen schönen Urlaub", „jede Menge Spaß und Freude" und „eine schöne Zeit mit meiner Familie". Diese Erwartungen konnten in der gewünschten Form nicht erfüllt werden, die Enttäuschung und Wut darüber verhinderte in manchen Fällen ein echtes Einlassen auf den Klein- und Großgruppenprozess. Durch die (zum Teil nicht teilnehmenden) mitgebrachten Lebenspartner wurden diese Tendenzen des Rückzugs verstärkt und die notwendigen Auseinandersetzungen in die „Frei-

zeit", in die leiterlose „Milieu-Gruppe" verlagert, wo sie keiner Lösung zugänglich waren.

Das Technische Erkenntnisinteresse, als informative Sicherung erfolgskontrollierten Handelns im Rahmen bestehender Systeme, zielt auf zweckrationales, instrumentelles Handeln, den berühmte Methodenkoffer. Die Erwartungen im technischen Bereich als „notwendiger Schritt in der Ausbildung" oder „zwingender Bestandteil der Ausbildung" bezogen sich auf Wünsche „die Gruppenprozesse zu beobachten", „die Arbeit der Leitung zu beobachten", „Gruppenprozesse zu studieren", „Leiterverhalten zu beobachten", „etwas bei den Leitern abschauen können", „interessante Vorträge zu hören", „die Festigung meiner Ich-Erkenntnisse" und „meine Idee der Gruppendynamik zu festigen". Diese mitgebrachten Erwartungen machen eine konsumierende Einstellung deutlich, die gepaart mit einer Haltung, nur das eigene Wissen bestätigt zu bekommen, den Raum für konstruktive Auseinandersetzung, kreative Prozesse und eigene Veränderung eng gemacht haben.

Das praktische Erkenntnisinteresse, als Erschließung der Wirklichkeit unter Gesichtspunkten der Erhaltung und Erweiterung der Intersubjektivität möglicher handlungsorientierter Verständigung, zielt auf das Sinnverstehen von Handelnden im Rahmen eines tradierten Selbstverständnisses ab. Das praktische und interaktive Bildungsverständnis, als „Ausprobieren von Gefühlen und dem human-strukturellen Tanz", „Gruppenprozesse zu erleben", „einen neuen Platz einnehmen zu können", „dem Überprüfen von Verhaltensmustern", „der Beziehungsentwicklung",

„der Überprüfung von Beziehungs- und Konfliktfähigkeit in Gruppen" und „Weiblichkeit zu erfahren – Kleid kaufen und anziehen", verdeutlicht auf der anderen Seite auch den Willen zum aktiven Lernen.

Das Emanzipatorische Erkenntnisinteresse als Reflexion der Selbstreflexion, zielt auf die Mündigkeit ab. Durch die Kraft der Selbstreflexion, die nur in einem schützenden und fördernden Entwicklungsraum einer konstruktiven Gruppendynamik möglich ist, werden Erkenntnis und Interesse eins. Das Lernen wird nicht mehr zu einer verwertbaren Ware, vielmehr bringt sie Freiheit, damit verbunden Verantwortung für das eigene Leben und die Gestaltung des Zusammenlebens. Zu Beginn der Klausurtagung hatten nur Wenige ein solches emanzipatorisches Erkenntnisinteresse. Wenn Emanzipation aber verstanden wird als der Prozess und das Ziel dieses Prozesses – sie sowohl eine Theorie, als auch eine auf ihr basierende Praxis darstellt – wenn sie bei den sich Emanzipierenden ein Bewusstsein von der Notwendigkeit und Sinnhaftigkeit ihrer Emanzipation weckt – wenn sie etwas ist, das die Emanzipierenden selbst betreiben, nicht etwas, was ihnen angetan wird – und wenn Emanzipation auf die Selbstverfügung – die Verwandlung fremder Autorität in eigene - abzielt, wobei das, was das „gute Leben" ist, dem Subjekt selber überlassen bleibt, dann wurde ein solches Erkenntnisinteresse bei einigen geweckt.

Vielen Dank an alle, die sich an der Auswertung der Klausurtagung beteiligt haben, besonderen Dank an Doris Wolters, die gemeinsam mit mir den qualitativen Forschungsarbeitsanteil erarbeitet hat.

Kurzer Rückblick: Klausurtagung 2007
KREATIVITÄT & FREIHEIT

Anita Zimmermann

Die Klausurtagung 2007 war eine sehr kleine aber außergewöhnliche - aus Sicht der Teilnehmer: „der Welt besten" - Bildungsveranstaltung.

Die formal personelle Struktur - zwei Leiter und zwei Teilnehmer - wurde durch die Anmeldung der Teilnehmer zu allen Gruppen in kreativer Weise aufgebrochen, so dass vier Menschen in den Mittelpunkt rücken konnten. Dabei blieb die Klausurtagung gerade in ihrer Kleinheit ihren Strukturen treu, angefangen bei einer schön gestalteten Anmeldung mit anschließender Eröffnungsfeier, den Leitersitzungen, den Kleingruppensitzungen (Selbsterfahrungs- und Humanstrukturelle Tanztheatergruppe) und den Großgruppenveranstaltungen (Humanstruktureller Tanz, Vortragsabende und Ausflüge) über die milieudynamische Gestaltung des Zusammenlebens, bis hin zu einem feierlichen Abschlussabend.

Die notwendige Rollenflexibilität erwies sich als Abenteuer, das sich nur im Erleben des jeweiligen Hier und Jetzt bewältigen ließ. Im Sinne Whiteheads versuchten wir, eine zivilisierte Gesellschaft, die sich durch Wahrheit, Schönheit, Kunst, Sinn für Abenteuer und Frieden auszeichnete, zu gestalten. Dies war nur durch das raumgebende Leiten des Klausurtagungsleiters möglich.

Das **Humanstrukturelle Tanztheater** zum Thema **„Wo die wilden Kerle wohnen"** verdeutlicht diesen Prozess. Im ersten Akt erforschte man dieses Land anfänglich noch vorsichtig, um dann in direkten Kontakt und in konstruktive Auseinandersetzung mit den Bewohnern dieses Landes zu treten. Der zweite Akt bot Raum für erotische Überraschungen, reale Begegnungen, Sehnsüchte, Wünsche und Träume. Die Gruppe fand sich bei aller Individualität immer wieder als Gruppe zusammen, die Stimmung war geprägt durch die Freude am und im Kontakt. Der dritte Akt gestaltete die Trennung als lebhaftes Abschiedsfest in einer freudigen Aufbruchstimmung.

So wie die Klausurtagung die Umgebung mit einbezog, so verwendete das Tanztheater auch neu erworbene, regionale und „revolutionäre" Musik, sowie neue Kleidungsstücke von den Märkten aus der Umgebung und stellte so die Ich-Erweiterung der Klausurtagung in Szene.

Die von jedem zu Beginn und am Ende ausgefüllten **Tests** zeigen individuelle Veränderungen, machen aber Gruppenaussagen möglich. Der ISTA zeigt bei allen eine Zunahme der konstruktiven Ich-Anteile und eine Annäherung der Einzelprofile an ein Gruppenprofil. Auch im Gießentest gleichen sich die Profile an, wobei ein Zugewinn an sozialer Potenz auffällig ist.
Nicht in der entfremdeten Beobachtung von Forschungsobjekten wurde Erkenntnisgewinn gesucht, vielmehr waren die beteiligten Menschen motiviert, sich selbst als Forschungsobjekte zu betrachten. Die eigene subjektive (Forschungs-) Erfahrung in die Gruppe gegeben - und von ihr spiegelnd zurückgegeben - bildeten die Basis gemeinsamer Erkenntnis und Weiterentwicklung.

Der reflexive Umgang mit sich und der Gruppe unter Einbeziehung gegebener Rahmenbedingungen waren Ausgangspunkte einer theoretisch fundierten und für die Praxis relevanten Evaluationsarbeit.

Über unterschiedliche Führungsstile in Organisationen und Gruppen [*]

Albrecht Göring

Einleitung

Jeder von Ihnen befindet sich ständig in Beziehung zu irgendeiner Gruppe, ob er es merkt oder nicht. Alle Menschen sind Mitglieder mehrerer Klein- und Großgruppen und möglicherweise Organisationen.[2]

Mein Anliegen mit dieser Arbeit ist es, zu versuchen, die Welt, die Gestalt, das Innenleben von Gruppen und Organisationen näher zu bringen; diese Welt vertrauter zu machen und die Scheu zu nehmen, sich aktiv hineinzubegeben in diesen Ort der Unsicherheit, der dynamischen Instabilität. Denn dort, wo die Unsicherheit am größten ist, ist auch die Freiheit am größten[3].

Das Innenleben und die Strukturen von Gruppen und Organisationen werden hierbei unter dem spezifischen Blickwinkel der Gruppen- und Organisationsführung beleuchtet, korrespondierend mit der Gesamtheit der Gruppe und ihren Einzelgliedern. Wobei die Einzelglieder in ihrer Eigenschaft als „zoon politicon" gesehen und gefordert werden, d.h. mit der Fähigkeit ausgestattet, sich einzumischen.

Spätestens seit Aristoteles ist die Erkenntnis in der Welt, „dass das Ganze mehr ist als die Summe seiner Teile".[4] Diese Aussage findet sich auch in der Quan-

---

* Vortrag gehalten am 22.04.2005 am LFI Düsseldorf

2 Bion, W. R. (1961) Erfahrungen in Gruppen. Stuttgart: Klett-Cotta 1990.

3 Wie Hans-Peter Dürr dies anlässlich eines Vortrags am 27.10.04 in München ausgedrückt hat

4 Aristoteles Nikomachische Ethik; zitiert nach Ernst Bloch, Antike Philosophie, Leipziger Vorlesungen zur Geschichte der Philosophie Bd. 1 S. 246.

tenphysik Werner Heisenbergs und seines Schülers und Freundes Hans-Peter Dürr.[5] Sie findet sich auch in der katholischen Soziallehre und hier in Enzyklika „mater et magister" von Papst Johannes dem XXIII.[6] Sie ist Bestandteil des Menschenbildes des Grundgesetzes und sie wird auch betont von den Vätern der analytischen Gruppendynamik: „Im sozialen wie im physikalischen Feld sind die strukturalen Eigenschaften eines dynamischen Ganzen von den strukturalen Eigenschaften der Teilbereiche verschieden".[7] Ehrenfels überzeugte mit dem Bild, dass eine Melodie nicht eine Summe von einzelnen Tönen sei. Man fühle bei einer Melodie, wo der einzelne Ton hingelenkt werden will. Und wenn man die Melodie schon kenne, dann sei völlig klar, dass der Zuhörer die Gestalt und nicht eine Summe von einzelnen Tönen aufnehme.[8]

Entscheidend scheint mir weiter die Annahme zu sein, dass die Verschiedenheit der einzelnen Mitglieder in dialektischer Verbundenheit mit der Gesamtheit der Gruppe steht und zwar in der Weise, dass jeder in der Gruppe aufgerufen ist etwas anderes zu machen, sich geradezu zu differenzieren, um so das „Orchester der Gruppe" zum Klingen zu bringen. So wird die Verbundenheit, die am Anfang steht, zu einer Beziehung, wenn die Verbundenheit Strukturen entwickelt, die aufeinander bezogen sind. Das heißt, eine Beziehungsstruktur entsteht erst, wenn ich zu einer Differenzierung komme. Eine „differenzierte Verbundenheit" er-

---

5 Werner Heisenberg; der Teil und das Ganze 1969; Hanz-Peter Dürr; Wir erleben mehr als wir begreifen S. 13.
6 Albrecht Göring, Das Menschenbild auf die Gruppendynamik des Grundgesetzes, Dyn. Psych. 192/193, S. 468 ff.
7 Kurt Lewin, 1963, Feldtheorie in den Sozialwissenschaften; zitiert nach Günther Ammon, Handbuch der dynamischen Psychiatrie Bd. 1 S. 161
8 Christian von Ehrenfels zitiert nach Ernst Bloch a.a.O. S. 248

laubt also die Vorstellung einer Beziehung. Die Beziehung setzt wiederum das Getrennte voraus, allerdings eben in Bezogenheit und Struktur.[9] Das bringt uns zu der Frage – wenn man von der Aussage ausgeht, dass die Gesamtheit mehr ist als die Summe der Einzelteile – ob dieses „Mehr" immer etwas qualitativ Besseres ist? Auch Ihrer Beobachtung nach werden Sie sagen können, dass das Zusammenspiel von Menschen nicht nur verstärkend wirken kann, sondern auch abschwächend. So können z. B. Neidgefühle oder Eifersucht ein Klima der Kreativität und des Vorangehens schaffen, im Sinne des Wetteiferns und der Rivalität eine Gruppe oder eine Organisation stimulieren. Neid und Eifersucht können aber auch ein solches Ausmaß annehmen, dass es nicht nur hemmend wirkt, sondern regelrecht den Einzelnen oder auch zwei oder mehrere in Bezogenheit aufeinander lähmt und damit die Gruppe arretiert.

Diese Beobachtung berührt natürlich die Frage der personellen Zusammensetzung von Gruppen und Organisationen einerseits und auch die Frage, haben wir es mit einer geöffneten, nach vorwärts gehenden Gruppe oder Organisation oder Institution oder haben wir es mit einer gegenwärtigen, abgeschlossenen oder toten Einheit zu tun. Dabei stellt sich die Frage, ob eine Institution, wie etwa eine Behörde, also eine staatliche Untergliederung oder ein Staat überhaupt, ein offenes System darstellen kann? Ich meine schon, wenn man an den staatlichen Aufbau einer Gewaltenverschrankung und Bezogenheit, also des Systems von „cheque and balance", denkt. Dabei merkt man auch, dass unterschiedliche Anforderungen unterschiedliche Strukturen mit unterschiedlichen tempi bilden. Man

9 Hans-Peter Dürr a.a.O. S. 149

hat dann auf Ursache und Wirkung von Arretierungen zu achten und auf Interventionen von außen und/oder innen, die diesem Zweck dienen.

Ich möchte einen weiteren Aspekt beleuchten, und zwar die schon oben aufgeworfene Frage der Verbundenheit, die durch Struktur und Aufeinanderbezogenheit zur Beziehung wird. Diese Differenziertheit setzt doch im Prinzip die Vorstellung, wir denken an Heraklit, voraus, dass „das Entgegensetzte zusammen passt, aus dem Verschiedenen sich die schönste Harmonie ergibt, und alles entsteht auf dem Wege des Streites".[10] Der Philosoph Heraklit haßte Homer tödlich, weil der Dichter in einem Vers der Ilias ausgerufen hatte: „Möchte doch schwinden der Streit aus der Welt der Götter und Menschen!"[11] In diesem Sinne kann man sagen, schwäche niemals das Gewicht deines Gegenüber soweit, dass es zu verschwinden droht, denn das Ende deines Gegenübers könnte gleichzeitig auch das Verschwinden von Dir selbst bedeuten. Bedarf es also ausgleichender Gegenkräfte unter den Gruppenmitgliedern, um eine Gruppe „zum Klingen" zu bringen? Ist also eine ausgleichende Gegenkraft nicht conditio sine qua non für das Lebendigsein von Gruppen? Ich meine ja und meine in diesem Sinne ein temporäres, sich auch energisches Gegenüberstehen, das durchaus auch als ein „entweder-oder" gemeint ist und empfunden wird, sozusagen Voraussetzung sein kann, um ein „sowohl-als-auch" entstehen zu lassen. In diesem Sinne kann man mit Freud hierauf anwendend sagen: „Händchen halten im Mondenschein allein tut es auch nicht".

---

10 Heraklit zitiert nach Luciano De Crescenzo, Geschichte der Philosophie S. 85f.
11 Luciano De Crescenzo a.a.O. S. 86

Über konstruktive und destruktive Kräfte in Gruppen

Ich weiß nicht wie es Ihnen geht, wenn Sie die Begriffe „Leitung" oder „Führung" hören? Welche Assoziationen haben Sie dazu?

Jeder von uns hat natürlich Führung erlebt und zwar in unterschiedlichster Art und Weise, etwa in der Familie, in der Schule oder am Arbeitsplatz, oder einzelne auch in einer Armee. Lösen diese Begriffe bei Ihnen Unbehagen aus oder Sicherheit und das Gefühl, etwas gelernt und bekommen zu haben?

Freud näherte sich diesem Thema zentral mit seiner Arbeit „Massenpsychologie und Ich-Analyse", begonnen 1919, beendet März 1921. Dort stellte er gegenüber die Individualpsychologie einerseits und die Sozial- oder Massenpsychologie andererseits, also nicht das dyadische (Therapie-)Setting und die Gruppen(therapie) Situation, sondern eben die Masse. In der Einleitung zu dieser Arbeit findet sich der berühmte Satz: „Im Seelenleben des Einzelnen kommt ganz regelmäßig der andere als Vorbild, als Objekt, als Helfer und als Gegner in Betracht und die Individualpsychologie ist daher von Anfang an auch gleichzeitig Sozialpsychologie in diesem erweiterten, aber durchaus berechtigten Sinn."[12] Im Übrigen teilte Freud mit Le Bon, man kann sagen, die Furcht vor der „Vermassung" und zwar wohl unter dem Eindruck, jedenfalls bei Le Bon scheint es so zu sein, der Belagerung von Paris und dem Aufstand der Kommune 1870. Jedenfalls teilten sie offensichtlich die Sorge und Furcht, dass eine größere Ansammlung von Individuen zur Masse anwachsen und zum Mob regredieren kann und dabei Menschen in größeren Gruppierungen ihren

---

12 Sigmund Freud, 1921, Massenpsychologie und Ich-Analyse, Fischer Studienausgabe S. 65, Band IX

Charakter verändern, ganz außergewöhnliche Verhaltensweisen an den Tag legen und sich sogar wie „wilde Tiere" verhalten können[13].

Die darin enthaltene Annahme, dass wir alle eine Art von kollektivem Unbewußten des Urmenschen in uns trügen, führte zur gemeinsamen Schuld der Urhorde – eine Ansammlung von Brüdern, die den Vater töteten, um sich an die Stelle seiner Macht zu setzen.

Eine fortgesetzte Leitertötung allerdings würde zur Ausrottung führen. So war die Gruppe gezwungen, sich zusammenzuschließen, die totemische Gemeinschaft der Brüder zu schaffen. Quasi als Reaktionsbildung wurde der gefürchtete und gehaßte Vater idealisiert und es wurde sich mit ihm identifiziert. Freuds Position war also insoweit skeptisch und so schrieb er jedenfalls in Massenpsychologie und Ich-Analyse, „dass (...) das Individuum in einer Gruppe unter Bedingungen gebracht wird, die es ihm erlauben, die Unterdrückungen seiner unbewußten instinkthaften Impulse aufzuheben (...) dass es dann (...) Manifestationen des Unbewußten ausspielen kann, in denen das Übel des menschlichen Wesens als Prädisposition enthalten ist"[14].

Die schlimmsten Befürchtungen sind dann mit dem Nationalsozialismus und den darin in bisher unbekanntem Ausmaß praktizierten grauenvollsten Taten Wirklichkeit geworden. Rührt hierher unsere Skepsis vor Gruppen und Leitung, die Angst manipuliert zu werden, darin unterzugehen und sich aufzulösen? Ich denke, die Abneigung vor Gruppen und Leitung hat noch eine andere Wurzel, nämlich die Befreiung des Menschen aus der mittelalterlichen Unmündigkeit

---

13 Sigmund Freud, Totem und Tabu 1912, Fischer Studienausgabe Seite 291-444, Band IX
14 Sigmund Freud, Massenpsychologie und Ich-Analyse a.a.O. S. 65-134

und Abhängigkeit. Diese Befreiung ist mit dem Satz Descartes (1596 – 1650) „cogito ergo sum" (ich denke, also bin ich) verbunden. Natürlich beginnt dieses Denken schon mit der Renaissance. In diesem Sinne erleben wir wohl heute eine Renaissance des Individualismus, mit dem Risiko einer Entsolidarisierung und Atomisierung der Gesellschaft.

Bei dem Umgang mit Gruppen geht es darum, Sicherheit für sich selbst und für das Zusammenspiel mit Gruppen zu entwickeln und so die „Ich-Muskeln" zu trainieren. Und es geht darum, die Kräfte und Potentiale von Organisationen und Gruppen nutzbar zu machen.

Zur Begriffsschärfung möchte ich mit Raoul Schindler folgende Unterscheidung vornehmen und sagen, dass eine „Gruppe entsteht, wenn sich eine Bewegungsrichtung, also etwas Gemeinsames, durchsetzt und sich eine innere Struktur bildet."[15]

Bis es aber soweit ist, durchlebt die Gruppe eine stufenweise Entwicklung oder anders ausgedrückt eine stufenweise „Personalisation". Schindler unterscheidet zwischen einer „Menge", dabei sind Personen nur in räumlicher Beziehung und durch äußere Umstände aufeinander bezogen (z. B. in einem Wartesaal), einer „Gruppe", die dadurch charakterisiert sei, dass sie eine Rangordnungsdynamik herausgebildet habe, und einer „Institution", die durch Erstarrung der dynamisch verbundenen Rangpositionen und den Aufbau einer formellen Hierarchie gekennzeichnet ist.

Raoul Schindler hat sich mit der Frage des Absterbens von Gruppen durch Institutionalisierung auseinan-

---

15 Das rangdynamische-Modell nach Raoul Schindler aus der gruppen- und organiastionsdynamischen Sicht, Waltraud Svoboda (überarbeitet von Raoul Schindler), unveröffentliches Manuskript, S. 3.

dergesetzt[16]. Er führt also zu diesem Thema aus: „Was bedeutet Tod am Organismus einer Gruppe? Kann eine Gruppe sterben? Ja, gewiss und zwar auf zweierlei Weise: Sie kann auseinanderfallen, sich auflösen in Einzelindividuen, meist abbröckelnd und langsam oder sie kann als Ganzes in eine Institution übergehen, d. h. ihren Gruppencharakter ablegen und ihre Identität mit äußerlichen Merkmalen fixieren. Eine durchinstitutionalisierte Gruppe ist tot, sie ist das durch Formen, Traditionen, Abzeichen ordentlich abgebildete Nachbild der Gruppe, aus der sie hervorgegangen ist. Haben sie einmal das herrlich lebendige Gefühl der Zugehörigkeit zu einer Gruppe Gleichgesinnter verglichen mit dem toten Erlebnis einer Mitgliedskarte, der ewigen Wiederkehr in einer Vereinsliste? Aber jede Gruppe strebt danach, sich zu institutionalisieren, es gibt sogar Gruppentherapeuten, die ihr Sicherungsbedürfnis dadurch ausdrücken, dass sie ihren Gruppen sogleich etwas wie eine Verfassung geben"[17]. Andere Autoren betonen, dass es zum Wesen einer Gruppe gehöre, dass sie sich Normen gibt. So meint Enke für die Gruppenpsychotherapie: „Ein gewisses Maß an Kohäsion, gemeint ist die Attraktivität einer Gruppe für ihre Mitglieder und damit das Ensemble gruppenbindender Kräfte und Konformität, ist auch deshalb erforderlich, weil es – insbesondere zu Beginn eines Gruppenprozesses – ganz unerlässlich ist, dass sich in der Gruppe therapiefördernde soziale Normen etablieren"[18].

---

16 Raoul Schindler, Das Suizidthema in der analytischen Gruppe in: Günther Ammon "Gruppendynamik der Kreativität", Seite 82 und 84
17 Raoul Schindler, a.a.O. Seite 82
18 H. Enke "Sozialpsychologische Grundlagen der Settingsgruppe in, Volker Tschuschke "Praxis der Gruppenpsychotherapie", Seite 7.

Ohne die Skepsis von Thomas Hobbes zu teilen, der bekanntlich von dem prägnanten Satz „homo homini lupus" (der Mensch ist dem Menschen ein Wolf) unter dem Eindruck der Bürger- und Revolutionskriege in England und Frankreich im 17. Jahrhundert ausging, würde ich anders als Schindler formulieren, dass eine Normgebung noch nicht das Sterben einer Gruppe oder einer Gesellschaft einleitet. Somit ist auch nicht jede Institution etwas Sterbendes. Ich denke, das Kriterium des Lebendig- oder Unlebendigseins einer Gruppe oder Institution ist vielmehr; Fühlt man sich darin wohl?, Gibt diese Einheit Entwicklungsmöglichkeiten?; Hat sie Bewegung?; Hat sie integrative Kraft?

Naturgemäß gibt es Gruppen und Institutionen mit unterschiedlichem Tempo und unterschiedlich bewahrenden oder aufbrechenden Wertesystemen. Ich denke, diese Fragen hängen natürlich auch damit zusammen: in welcher Lage ist der Einzelne? In welcher Lage bin ich? Welche Kraft und möglicherweise auch Geschicklichkeit und Integrität und Potenz, welche Fähigkeit Freunde zu machen, Bündnispartner zu haben, eine reflektierte Idee voranzugeben hat der Einzelne und kann er sich so gestaltend in eine Gruppe, in eine Gesellschaft entwerfen? Damit wir uns nicht falsch verstehen, es geht in erster Linie um das Wohlbefinden des Einzelnen und der ihn umgebenden Menschen. Nicht jeder braucht enormes Tempo und hohe Ziele. Oftmals stellen sich solche Dinge später, um mit Alfred Adler zu sprechen, als „Überkompensation einer im Kern liegenden Schwäche heraus"[19].

Eine Gefahr für die Ausprägung eines geschlossenen und damit toten und krankhaft machenden Systems zeigt sich m. E. im Hinweis auf ein „gestörtes narzißti-

19 Ludwig J. Pongratz; Hauptströmungen der Tiefenpsychologie, 1983, S. 210.

sches Gleichgewicht" von Einzelnen oder der Gruppe, dass sich entweder durch ausgeprägte Minderwertigkeitsvorstellungen und Entwertung der eigenen Person oder Organisation auszeichnet, oder – kompensatorisch – durch ausgeprägte Größen- und Machtphantasien, eine hohe Selbstidealisierung und eine Immunisierung gegenüber Kritik. In der Folge entwickeln solche Systeme häufig eine Pseudoautonomie und neigen dann zu einer chronisch starken Entwertung fremder Sichtweisen"[20].

Zur Frage der Offenheit von Systemen noch ein Zitat von Ernst Bloch: „Es gibt ein offenes totum das nach vorwärts geht, das infolge dessen eine Art von offener Gestalt oder offenem System bildet. Zwischen Worten wie „Gestalt" und „System" sind Abgründe, und trotzdem gibt es eine Einheit. Es gibt ein offenes System, es gibt offene Gestalten, die das Element der Zukunft in sich tragen und die spüren lassen, dass sie es in sich tragen"[21].

Unterschiedliche Leitungstypen oder -stile

Eine Untersuchung von Mac Kenzie von 1987 der American Group Psychotherapie Association unterschied verschiedene Leitereigenschaften wie den „sorgenden Gruppenleiter" den „charismatischen Gruppenleiter", den „kenntnisreichen Gruppenleiter", den „hemmenden Gruppenleiter" und den „kontrollierenden Gruppenleiter". Die Untersuchung brachte hervor, dass in absteigender Reihenfolge das Charisma der Gruppenleiter den größten Einfluss auf den Lernerfolg hatte, d.

20 Matthias Lohmer und Corinna Wernz "Zwischen Veränderungsdruck und Homöostaseneigung: Die narzißtische Balance in therapeutischen Institutionen; in: Matthias Lohmer "Psychodynamische Organisationsberatung", 2000, Seite 234.
21 Ernst Bloch a.a.O. Seite 249

h. in Gruppen mit besserem Lernergebnis wurden der Gruppenleiter bzw. die –leiterin als signifikant charismatischer erlebt als in den Gruppen mit niedrigerem Lernerfolg, wo der Gruppenleiter bzw. die Gruppenleiterin als wenig charismatisch erlebt wurde. Danach kam der kenntnisreiche Gruppenleiter: Je mehr der Gruppenleiter als kenntnisreich erlebt wurde, desto größer war der Lernerfolg und umgekehrt[22]. Diese Untersuchung wurde mit professionellen Teilnehmern durchgeführt. Interessant war, dass eine Untersuchung mit Gruppentherapieteilnehmern ein ähnliches Ergebnis brachte. Es war hier, anders als in der professionellen Gruppe, nicht so wichtig, ob der Leiter den Gruppenprozess „kontrollierte" oder sogar „manipulativ" war. Entscheidend war, ob der Gruppenleiter als „kompetent", sensibel = wahrnehmend, „kenntnisreich", „hilfreich" und „entschieden", strukturgebend im Sinne von „nicht verwirrend" und sogar „brilliant" oder „charismatisch" erlebt wurde. Gruppenleiter, die als „kenntnisreich" und mit Fertigkeiten (skillfull) erlebt wurden, erzielten signifikant geringere Lerneffekte, wenn sie zugleich nicht als „charismatisch" oder „brilliant" erlebt wurden. Im Gegenteil: Gruppenleiter der 37 Gruppen, die deutlich „manipulativ" oder „kontrollierend" eingestuft wurden, erzielten mit die besten Lernergebnisse bei ihren Gruppenteilnehmern, wenn sie als hoch „kompetent", „kenntnisreich", „charismatisch" usw. erlebt wurden[23]. Dabei bedeutet Charisma (griech. Gnadengabe) die als übernatürlich empfundene oder außerhalb des Alltags stehende Qualität eines

22 V. Tschuschke, Lerneffekte in gruppenpsychotherapeutischen Weiterbildungen a.a.O. S. 38
23 V. Tschuschke a.a.O. S. 40

Menschen, die ihn in seiner Gruppe als gottgesandt, gottbegnadet, erscheinen läßt[24].

a) Das rangdynamische Modell Raoul Schindlers

Raoul Schindler hat mit seinem Modell der Rangdynamik darauf hingewiesen, dass aus den von ihm aufgezeigten Rangpositionen geleitet werden kann und geleitet wird. Er unterscheidet das „G" und meint damit das dynamische Ziel der gemeinsamen Anstrengung einer Gruppe. Der Anschaulichkeit halber setzt er für diese Position den Buchstaben „G" für „Gegner" ein. Er meint aber „Gegner" in einem allgemeinen Sinn des Entgegenstehens ohne Beschränkung auf den negativen Aspekt. „G" steht für alle Inhalte, denen die Gruppe „begegnen" kann. Häufig hat der Repräsentant der G-Position eine innige Beziehung zu Alpha.

Dabei ist Alpha diejenige Position, die Alpha wird, dadurch, dass sie eine Idee hat, die ankommt. Es kann also niemand Alpha werden, nur weil er eine gute Idee hat. Das Ankommen ist wichtig, oder man kann sagen, die Verstärkung der Alpha-Position durch die Gamma-Positionen ist wichtig. Dabei ist die Gamma-Position diejenige, die regelmäßig in anonyme Mitgliedschaft eintaucht und dabei das Persönliche in der Kollektivität verdeckt. Es ist die spannungsloseste der Rangpositionen. Regelmäßig ist man dort ohne eigene Verantwortung, man lebt in der Affektivität des Alphas, ja, man nimmt den Ort ein, den das Unbewusste des Alpha verlangt.

Dabei wenden sich die Gammas der Gruppe affektiv gegen „Omega" und zwar mit den gleichen Affekten, mit denen sie wünschen und träumen, dass sich ihr Alpha gegen den Feind wendet. In der Omega-Position

24 Brockhaus 19. Aufl. 1987

kommt die Ambivalenz der Gruppe, das Gewicht der rückläufigen Kräfte zur Darstellung. Omega wirkt fremd– und randzugehörig; der Gruppenneue, wie auch der „Unterbegabte" oder ängstlich Unsichere ist für sie disponiert. Der Omega widersetzt sich dem gemeinsamen Weg der Gruppe. Er zieht in die Gegenrichtung. Er ist zu wenig kraftvoll und selbstsicher, um der Gruppe eine andere Richtung zu geben. Seine Chance ist aber auch, die Führung zu übernehmen, wenn die Gruppe umdreht. Dann gilt: „Die Letzten werden die Ersten sein". Für viele Omegas ist das auch der Wunsch, aber oft sind sie, wenn es passiert, überfordert. Omega identifiziert sich mit dem Gegner. Oft wird Omega durch das Vertreten der Gegenrichtung als störend empfunden, ganz besonders von Alpha, aber auch von den mit Alpha identifizierten Gammas. Aus der analytischen Sichtweise werden die ganzen verdrängten Anteile, die jeder Einzelne aus der Gruppe bei sich nicht haben will, auf den Omega projiziert. Jeder Einzelne entlastet sich dadurch, dass die eigenen verdrängten Anteile in Omega stellvertretend bekämpft werden können. Die Gruppe gibt sich der Illusion hin, dass sie, wenn sie es schafft, Omega hinauszudrängen, rascher in ihre gewünschte Richtung voran kommt („Sündenbock-Prinzip"). Das erweist sich natürlich als Fehlschluss und Schindler illustriert das am Beispiel einer Bergsteigergruppe:
Dabei gibt es immer einen Müdesten. Die Müdigkeit der Anderen wird dadurch eigentlich aufgehoben, indem sich alle nur über diesen zurückgebliebenen Müden lustig machen und sagen: „Der ist eben ein Versager und hätt´ gar nicht genommen werden sollen, der passt da gar nicht rein". Dann reden alle nicht von der eigenen Müdigkeit, sondern nur noch von seiner, aber

alle sind und bleiben müde. Ihre Kraft kehrt durch das Ausscheiden des Letzten nicht wieder zurück.

Schindler weist auf einen ganz entscheidenden Punkt hin, nämlich, dass die Reife einer Gruppe sich dadurch ausdrückt, dass jeder Einzelne für sich die verdrängten Anteile wahrnimmt, sie zulässt und sich damit im Zusammenhang mit sich selbst auseinandersetzt. Die Kohärenz der Gruppe wird dadurch dichter. Die Bergsteigergruppe könnte z. B. sagen: „Wir sind alle müde, machen wir doch eine Pause." Ein einfühlsamer Alpha würde in dieser Situation sagen: "Machen wir eine Pause, ich bin müde". Ein uneinfühlsamer Alpha würde sagen: "Wir müssen eine Pause machen, der XY kommt uns nicht nach."[25]

C.G. Jung würde sagen, es geht darum, die Schattenseiten zu integrieren.

Der französische Sozialpsychologe Moscovici hat sich in besonderer Weise mit dem sozialen Wandel durch Minoritäten befasst.[26] Moscovici wies nach, dass Minoritäten, mit anderen Worten Grenzuntergruppen oder Grenzpersonen, im schindlerischen Sinne Omegas, Veränderungsprozesse anstoßen bzw. bewirken können.

In diesem Sinne liegt in der Omega-Position einerseits der Konflikt, der darin besteht, dass ein Teil der Gruppe sich gegen das Ziel der Gruppe, angeführt durch Alpha und gefolgt durch die Gammas, richtet und zwar regelmäßig diametral entgegengesetzt („ich rate, wir kehren um" oder „ich reise ab") und andererseits aber in diesem Konflikt auch das Potential einer Gruppe und damit die Entwicklungsmöglichkeit und das „Mysterium" für die ganze Gruppe liegt. Dies bedeutet,

25 Waltraut Svoboda a. a. O. S. 5 ff.
26 S. Moscovici: Sozialwandel durch Minoritäten, München, 1979

grenze ich die Grenzperson aus, oder mache ich sie in gesteigerter Form auch noch zum Sündenbock, etwa für falsche Zielvorgaben oder nicht erreichte Ziele der Gruppe, dann schneide ich der Gruppe selbst die Entwicklungsmöglichkeit ab. Nebenbei bemerkt belegt die Forschung, dass nach der Herausschneidung eines Omegas sich notwendigerweise ein neuer Omega bildet.

Natürlich bedeutet dies nicht, dass man nicht auch bei der Zusammensetzung von Gruppen und Organisationen darauf achten müsse, ob die dort zusammen kommenden Menschen nicht auch zusammenpassen. Nimmt man eine „schwierige Person" herein, von der man von vornherein vermutet, dass sie eine Grenzperson sein wird, wobei man sich natürlich auch täuschen kann, dann ist es lege artis, eine weitere Position mit einer Entsprechung zu besetzen, sodass die Außenseiterstellung nicht isoliert ist, sondern korrespondiert wird.

Hingewiesen sei noch auf eine weitere von Schindler beschriebene Position, nämlich die Beta-Position. Sie ist die einzige, die nicht notwendigerweise in einer Gruppe besetzt sein muss. Es handelt sich hierbei um den „Spezialisten", um den „Fachmann". Er muss – im Gegensatz zu Alpha – etwas leisten und vorweisen können. Er stützt sich vor allem auf seine sachliche Argumentation. Er legitimiert sich nicht aus sich, sondern durch sein Werk. Wer diese Position einnimmt muss Sachkenntnisse haben, die im Bereich der Interessen der Gruppe liegen. Seine Bindung an die Gruppe ist eigentlich eine indirekte, sie verläuft über eine persönliche, affektive Beziehung zu Alpha. Von diesem muss er anerkannt sein. Dieser übernimmt die Verantwortung für ihn und seine Vorschläge. Er wird daher relativ leicht in den Sturz des Alpha mit hinein gerissen oder auch von diesem als Sündenbock für einen Misserfolg den Affekten der Gruppe geopfert. Andererseits ist ihm, schon aufgrund seiner weitgehenden Eigenart und Selbständigkeit, aber auch durch seine guten Kontakte nach außen, eine nicht ungünstige Voraussetzung gegeben, einmal selbst Alpha zu sein und innerhalb der Gruppe revolutionäre Gegengruppierungen anzuführen. Er ist also immer bis zu einem gewissen Grade Exponent einer latenten Gegengruppe und für den Alpha gefährlich. Je mehr Alpha-Qualität er zur Bewältigung seiner Aufgabe benötigt, um so umstrittener ist seine Position in der Gruppe. Schafft er es aufgrund seiner Leistungen oder auch seiner Ideen die Affekte der Gruppe auf sich zu ziehen und damit zum Konkurrenten des Alpha zu werden, läuft der energetische Kreis der Affekte über ihn. Das ist im Rahmen von Einzelaufgaben öfter der Fall, gefährdet dann durch die absehbare Dauer der Position des eigentlichen Alpha diesen nicht, lässt aber latente Gegengruppen sichtbar werden. Reißt aber der Beta sozusagen Hauptaufgaben an sich, dann wird der bisherige Alpha entweder in die G-Positon abgedrängt oder er stürzt ab in die Omega-Position und die bisherige Außenaktivität der Gruppe ist zunächst gelähmt. Das ist dann der Tatbestand der „Revolution".[27]

Wie schon angedeutet besteht die Möglichkeit, aus jeder dieser Positionen zu leiten, zu führen. Das Gruppenklima ist dann jeweils unterschiedlich, da dies maßgeblich von der Rangposition abhängt, die die Führungsposition einnimmt. Wird aus der G-Postition geführt, dann ist die Führungskraft naturgemäß durch

---

27 Waltraut Svoboda a. a. O. S. 7 und 8

große Distanz zur Gruppe ausgezeichnet und wegen des abweisenden, kontaktvermeidenden Wesens bleibt das Regelklima regelmäßig „kühl". Oft kommt es unter den Gruppenmitgliedern dann zu keiner stabileren Gruppenbildung. Häufig kommt die hart und autoritär auftretenden Führungskraft naturgemäß in G-Position. Das Klima wird dann auch als „streng" und „angespannt" erlebt.

Die Führungskraft in der Alpha-Position wird im Klima „warm" und „persönlich" erlebt. Solche Führungskräfte legen gewöhnlich etwas Privates in ihr Tun, sie haben daher auch Vorlieben und Aversionen, die von der Affektivität der Mitarbeiter übernommen werden. Die „beliebte" Führungskraft in der Alpha-Position genießt die „positive" Einstellung der Mitarbeiter zu ihrem Tätigkeitsbereich.

Die Führungskraft in der Beta-Position ist vom Klima her „sachlich", „sauber" und ohne übertriebene Affekte.

Die Führungskraft in der Omega-Position wird im Klima als „gereizt" erlebt. Nichts funktioniert befriedigend, Führungskraft und Mitarbeiter provozieren sich gegenseitig. Die ängstlich-unsichere Führungskraft, die in die Omega-Position gerät, provoziert eine ablehnende Einstellung zu ihrer Arbeit.

Das hier beschriebene Rangmodell von Schindler eignet sich meines Erachtens sehr gut zur Beschreibung von nichttherapeutischen Gruppen und Organisationssituationen. Denn die therapeutischen Gruppensituationen enthalten sehr viel Wissenswertes und Tiefe und setzen sich naturgemäß verstärkt mit der Position des therapeutischen Leiters und der Qualität und Effektivität von Therapie auseinander. Fragen also, wie etwa in der Wirtschaft oder in der Juristerei, wie gewinne ich für eine Position Mehrheiten, obgleich ich den Prozess nicht leite, werden dort naturgemäß vorrangig nicht angesprochen.

Die Leitungsfragen im Bereich der Gruppenpsychotherapie werden häufig kontrovers bis hin zur Ausformung als „Glaubensfrage" geführt. Auch werden von den jeweiligen Anhängern einer Schule vermeintliche Gegnerschaften ausgemacht, die möglicherweise so etwa gar nicht vorhanden waren oder sind - um einen Begriff von Melanie Klein zu gebrauchen - manchmal Ausdruck einer paranoid-schizoiden Abwehrformation in Form einer projektiven Identifikation in Bezug auf die eigene Schule, der man folgt. Herausgreifen möchte ich zwei vermeintlich bzw. auch tatsächlich unterschiedliche Führungsstile von Günther Ammon[28] und S. H. Foulkes [29]

b) Zum Leitungs- und Gruppenverständnis bei Günther Ammon

„Von der Frage, ob und wie weit eine Gruppe fähig ist, sich selbst gegenüber ihren Ängsten, Bedürfnissen und Hoffnungen und auch nach außen gegenüber den Forderungen der Umwelt konstruktiv abzugrenzen, hängen Belastbarkeit, Reichweite und Flexibilität ihrer Identität ab. Starre Grenzen, wie sie autoritäre Strukturen oder bürokratische Mechanismen repräsentieren, können ebenso zu pathologischen Deforma-

---

28 Günther Ammon: Ich-psychologische und gruppendynamische
Aspekte der psychonanalytischen Gruppentherapie. Das Verständnis
eines Entwicklungsdefizits von Ich-Strukturen in Persönlichkeit und
umgebender Gruppe als Grundlage für Wissenschaft und Praxis in einer
dynamischen Psychiatrie; Dynamische Psychiatrie, 1978, Heft 1
29 S. H. Foulkes „Der Gruppenleiter"; München, 1974

tionen in Gruppenbildungen führen, wie das Fehlen von Gruppengrenzen überhaupt; die Folgen dieser Extreme sind an den Phänomenen überinstitutionalisierter und toter oder chaotisch in sich selbst zersplitterter Gruppen zu sehen. Unentbehrlich für die Entstehung stabiler und flexibler Gruppengrenzen ist die zentrale Figur des Leiters, der nicht etwa einem autoritären Befehlshaber gleicht, sondern im gruppendynamischen Prozess das destruktive Potential blockierter Konflikte auf sich zieht, um kreative und konstruktive Aggressionen als Grundenergie zur Bildung des zwischenmenschlichen Innenraums identitäts-bewusster Gruppen frei werden zu lassen. In diesem Naturgeschehen, das sich als Genese der Gruppenidentität manifestiert, liegt ein einzigartiges Instrument, die auf Leiter und Gruppenmitglieder wie auf die Gruppe als Ganze bezogene Übertragungs- und Gegenübertragungsdynamik zu analysieren... Das, was eine Gruppe zur Gruppe macht, ist das dynamisch kommunizierte Bewusstsein eines die Grenzen kreativ erweiternden Selbsterlebens der Gruppe auf dem Boden einer gemeinsamen durchlebten Geschichte."[30]

Ammon hat mit der von ihm begründeten Dynamischen Psychiatrie der Berliner Schule ein umfangreiches Konzept der Gruppenpsychotherapie vorgelegt. Ammon betont dort die „zentrale Person" des Leiters, der die Eigenschaft haben sollte, auf seinen verschiedenen Ebenen erfahrungsfähig zu sein und durch seine Interpretation und Intervention die Zielsetzung der Gruppe zu verkörpern. Seine Aufgabe sei dabei außerordentlich kompliziert. Er müsse sich der Übertra

---

30 Günther Ammon: Analytische Gruppendynamik; Was macht eine Gruppe zur Gruppe? (S. 55,56)

gungsdynamik aller einzelnen Mitglieder bewusst sein und müsse zugleich die Übertragungsbeziehungen erkennen und annehmen, welche die Gruppe als ganze ihm gegenüber entwickle. Er folgt Kemper, der darauf hingewiesen hat, dass jedes einzelne Gruppenmitglied einen Aspekt der Person des Therapeuten verkörpere und von diesem so erlebt werde. Der Gruppenleiter wird auf diese Weise zur „zentralen Figur" der Gruppe. Als solcher erfülle er insbesondere in der Anfangsphase des Gruppenprozesses eine entscheidende Funktion. Als gemeinsame Übertragungsfigur aller Mitglieder der Gruppe und der Gruppe insgesamt sei er die Person, welche den Zusammenhang der Gruppe überhaupt verkörpere. Er müsse in seinem Verhalten zeigen, dass eine Kommunikation zwischen den einzelnen Gruppenmitgliedern möglich sei, indem er demonstriere, dass er zwischen den verschiedenen Aspekten seiner Person, die in der Übertragung durch die einzelne Mitglieder der Gruppe angesprochen und mobilisiert werden, eine gelungene Verbindung herstellen kann. Er müsse daher vor allem seine Gegenübertragungsreaktion einer ständigen Kontrolle unterziehen, um in seiner Erlebensfähigkeit und in seiner Reaktion im „Hier und Jetzt" der Situation nicht durch irrationale Ängste oder Bedürfnisse eingeschränkt zu werden. Andererseits bietet die Gruppensituation selbst dem Therapeuten die Möglichkeit dieser Kontrolle. Seine Mimik, seine Haltung, seine verbalen Interpretationen werden kommentiert und die Reaktion der Gruppe selbst und ihrer Mitglieder gibt ihm andauernde Rückmeldung.

Der Leiter erkenne in der spezifischen Dynamik der interpersonellen Beziehungen in der aktuellen Gruppensituation den Ausdruck unbewusst gewordener intrapsychischer Konflikte und Spannungen der Gruppenmitglieder, die vergangenen Lebenssituationen entstammen und durch Verinnerlichung eine sekundär pathologische Autonomie gewonnen haben, welche sich im Wiederholungszwang manifestiert. Anders als in einer bipolaren Beziehung tritt in einer Gruppe eine Vielpersonensituation zutage, die ein ganzes Geflecht gleichzeitig einander überlagernder und wechselseitig beeinflussender interpersoneller Beziehungen entstehen lässt. So kann man die Beziehungen der Mitglieder untereinander, jeweils zum Leiter, die Beziehungen zwischen den Mitgliedern und der Gruppe und der ganzen Gruppe zum Leiter unterscheiden.

Ammon betont, dass der Gruppenprozess auch eine nachholende Ich-Entwicklung ermöglicht. Hierzu ist erforderlich, dass die Gruppe ein „Facilitating Environment"[31] bereitstellt. Ammon meint, dass die unbewusste Dynamik der Gruppe immer schon, von Geburt an und in mancher Hinsicht bereits in der pränatalen Zeit, alles psychische Geschehen beeinflusst und prägt, sodass mit Recht gesagt werden kann, dass psychische Prozesse immer interpersonelle Prozesse und in diesem Sinne auch gruppendynamische Prozesse sind. Ammon meint weiter, dass die Bedeutung, welche diese gruppendynamischen Prozesse als Faktor jeder Form der Psychogenese haben, bisher sowohl von Seiten der Gruppendynamik als auch von Seiten der psychoanalytischen Gruppentherapie zu wenig gewürdigt worden sei. Sie bilde jedoch den Schlüssel zum Verständnis des scheinbar rein individuellen Verhal-

---

31 D. Winnicott. D. W. 1972: The maturatinal process and the facilitating environment.

tens wie auch der Gruppenphänomene überhaupt.[32] Es ist deshalb von folgender Prämisse auszugehen: Eine Gruppe entsteht als soziales Gebilde nicht erst dann, wenn fertige Individuen sich zusammenschließen, sondern die Gruppe stellt im wörtlichen Sinne die „Matrix" jeder psychischen Entwicklung dar.

Zu Fragestellungen im Zusammenhang mit dem Entstehen von Gruppen ist zu beachten, dass die Zusammensetzung der Gruppe, hinsichtlich der durch die einzelnen Mitglieder repräsentierten Religionszugehörigkeiten, Nationalitäten, Interessen, Berufe und psychischen Charakteristika, sowie ihrer Hautfarbe und ihres Geschlechts, so heterogen wie möglich ist. Wichtig ist, dass Mitglieder mit spezifischer Symptomatik, wie etwa extreme Schweiger, nicht allein in der Gruppe sind, sondern zumindest noch ein anderes Mitglied mit ähnlicher Symptomatik in der Gruppe aufzufinden ist.

Betrachtet man die Strukturierungsphase einer Gruppe in der Anfangsphase, so wird hier die Zusammensetzung der Gruppe gründlich überprüft. Offensichtliche Außenseiter, d. h. Personen, die in der Gruppe keine Resonanz finden oder solche, welche alle Aufmerksamkeit zwanghaft monopolisieren und in der Gruppe keinen Widerpart finden, werden aus der Gruppe herausgenommen. Diese können zumeist in andere Gruppen integriert oder mit Einzelaufgaben bedacht werden. Auf diese Weise wird die Voraussetzung für das Entstehen einer gemeinsamen „Gruppenspannung" geschaffen.

Jede Gruppe hat in gewisser Weise dann eine Rea-

---

32 Günther Ammon Gruppenpsychotherapie; ich-psychologische und gruppendynamische Aspekte der psychoanalytischen Gruppentherapie S. 230

litätsebene einerseits und eine Regressionsebene andererseits. Auf diesen beiden Ebenen finden sich dann häufig auch Untergruppen von eher neurotisch strukturierten Menschen, die sich dann vor allem in der Realitätsebene befinden und eher Ich-Schwachen Personen, die sich dann mehr in der Regressionsebene aufhalten. Jedes Gruppenmitglied, kann man sagen, profitiert von dieser Situation, da zum einen das Beobachten der Fähigkeiten des anderen nicht nur ein Erlernen durch Identifikation oder Abschauen erlaubt, sondern regelrecht sog. Hilfs-Ich-Funktionen bereitstellt, wenn man die Gruppe als einen corpus im Ganzen begreift, dessen psychische Fähigkeiten dem jeweils anderen Gruppenmitglied ja sogar zwangsweise zur Verfügung gestellt werden können. Auch hat die Gruppe die Funktion eines Spiegels, der die Persönlichkeit und das Verhalten ihrer einzelnen Mitglieder mit vielen Facetten reflektiert und von allen Seiten beleuchtet und sichtbar macht.

Die Gruppe wird aber auch im „Hier und Jetzt" der Situation zu einer vielschichtigen Bühne für die Darstellung der infantilen und aktuellen Konfliktsituationen ihrer Mitglieder. Dabei ermöglicht die Gruppe ein Umgehen mit Widerständen. An dieser Stelle erscheint mir wichtig zu betonen, dass Widerstände auch eine konstruktive Funktion, nämlich eine Schutzfunktion haben. Sie dienen einem Schutz vor Überflutung und damit auch einer konzentrierten Verarbeitung des Neuen zum Aufbau und der Erweiterung der Identität. Das interpersonelle Geschehen in einer Gruppe ist also auch im Hinblick auf die Widerstände ein sehr komplexes und notwendiges Geschehen. Vergröbert kann man sagen, dass die Widerstandspartei, jedenfalls für den Aspekt, an dem sie Widerstand leistet, möglicherweise auch die Pathologie, den Konflikt oder auch das Potential der Gruppe ausdrückt. Jedenfalls ist sie in diesem Moment die langsamste Partei. Für die Gruppenleitung bedeutet dies Verbündung mit der voranschreitenden Gesundheitspartei und Schutz und Verständnis und Annehmen des Widerstandes und der sie ausdrückenden Gruppenmitglieder. In diesem Sinne kann auch Schweigen in der Gruppe Widerstand sein, so wie es ganz unterschiedliche Arten von Schweigen gibt.

Auch die Schwäche des Gruppenleiters, etwa Tendenzen oder Äußerungen konkret und persönlich als Kränkung zu erleben, ist ein Widerstandsphänomen gegen Entwicklung. Hier kann Supervision helfen.

Die Gruppe ist auch Bühne der Mitglieder. Die Gruppe stellt auch zwangsläufig eine Spiegelfunktion zur Verfügung und erlaubt ein Wiedererkennen im anderen, wenn sie selbst sich als ganze abgrenzen und für ihre einzelnen Mitglieder ein beobachtendes und reflektierendes „Gruppen-ich" bilden kann. Nach Ammon liegt hierin der wesentliche Unterschied zu den Massenphänomenen, wie sie von Le Bon und ihm nachfolgend von Freud studiert und beschrieben und von diesen vor allem als Bedrohung der individuellen Persönlichkeit gewertet wurden.

Die zentrale Person erfüllt insbesondere in der Anfangsphase des Gruppenprozesses eine entscheidende Funktion. Sie muss in ihrem Verhalten zeigen, dass eine Kommunikation zwischen den einzelnen Gruppenmitgliedern möglich ist, indem sie demonstriert, dass sie selbst zwischen den verschiedenen Aspekten ihrer Person, die in der Übertragung durch die einzelnen Mitglieder der Gruppe angesprochen und mobilisiert werden, eine gelingende Verbindung herstellen kann. Sie muss dabei vor allem ihre Gegenübertragungsreaktion einer ständigen Kontrolle unterziehen. Dabei gibt ihr die Gruppe durch verbale Äußerungen, Mimik und Haltungen, ein dauerndes Feed Back. Eine besondere Aufgabe hat der Gruppenleiter in der Anfangsphase beim Schutz des sogenannten Außenseiters. Dieser ist, obwohl wir hier von der Anfangsphase sprechen, nicht der sogenannte „Anfangsaußenseiter". Gemeint ist hier die Grenzperson der Gruppe = der Außenseiter, der erst im Prozess der Gruppe entsteht. Er verkörpert in der Regel bereits ein Gruppenproblem. Er ist sozusagen Symptom eines Gruppenkonflikts und birgt das „Mysterium der Gruppe". In ihm liegt auch das Entwicklungspotential der Gruppe, jedenfalls in diesem Moment. Insofern ist es die Aufgabe des Leiters, diesen in der Gruppe zu halten. Hierfür etwa gibt es unterschiedliche Techniken. In einem Seminar mit KollegInnen wurden verschiedene Vorschläge gemacht. Eine Kollegin berichtete, wie sie in einer solchen Situation dem Außenseiter die Parabel von dem Sündenbock erzählte. Eine andere berichtete, wie sie in ähnlicher Situation die Grenzperson über ihre Rolle in der Gruppe aufklärte. Eine andere Kollegin schließlich referierte diese Situation und ihr Umgehen damit an einem Beispiel: Sie hatte in einer anderen Gruppe ein neues Gruppenmitglied aufgenommen und die Gruppe war darüber verunsichert und reagierte wütend. In dieser Situation habe sie die Aggression der Gruppe, die gegen den Neuen gerichtet war, auf sich gezogen und zwar mit einer Intervention, indem sie die Gruppe ansprach und sagte: „Sie sind doch sicher wütend auf mich, dass ich ihnen hier ein neues Gruppenmitglied präsentiere und dies nicht vorher mit ihnen besprochen oder sie um Erlaubnis gefragt habe."

Diese Beispiele zeigen, dass die ersten beiden Varianten eher die intellektuelle Ebene der Teilnehmer ansprachen, während die dritte Variante die emotionale Ebene aufgriff.

Ein anderes Phänomen ist der zu beobachtende Umstand, dass einzelne Gruppenmitglieder entsprechend ihrer dominierenden intrapsychischen Konfliktsituation jeweils dann zum Sprecher der Gesamtgruppe werden, wenn dieser Konflikt im Zuge des unbewussten Gruppenprozesses thematisiert wird. Teilnehmer, die einen starken Autoritätskonflikt in die Gruppe bringen, werden in dem Augenblick ihr Problem in der Gruppe artikulieren, wo die Gruppe als Ganzes einen Autoritätskonflikt in der Auseinandersetzung mit dem Leiter oder der Institution erlebt, in deren Rahmen sie zusammenkommt. Eine starke Gruppenangst dagegen wird zum Beispiel die Ich – schwachen Gruppenmitglieder vorübergehend in den Vordergrund bringen. Ihre Abwehrformationen können der in der Gruppe virulenten Angst am wenigsten widerstehen. Durch ihre Reaktion aber bringen sie der Gruppe ihren unbewussten Konflikt bzw. das Thema der Gruppe in dieser Gruppenphase zu Bewusstsein und ermöglichen damit die Bearbeitung. Insoweit kann man sagen, dass die Gruppenmitglieder ihre jeweils spezifische Dynamik gewissermaßen als „Mitgift" in die Gruppe bringen und damit den Erfahrungs- und Wahrnehmungsbereich der Gruppe insgesamt bereichern.

Hinweisen möchte ich noch auf die besondere Bedeutung der Untergruppenbildung für die Gesamtgruppe.

Diese Untergruppen, wie sie sich im Prozess des Gruppengeschehens permanent bilden und verschieben, erfüllen sozusagen die Funktion besonderer Organe der Gruppengrenze bzw. des Gruppen-ich's, die jeweils zur Bearbeitung des auftretenden Gruppenthemas entstehen. In diesem Sinne verhalten sich Untergruppen für die Gesamtgruppe etwa wie Ausschüsse zu einem Parlament.

Dabei ist die Bildung und Verschiebung der Untergruppe ein diagnostisches Instrument von großer Präzision, das über die Dynamik der Gesamtgruppe ebenso Aufschluss gibt wie über die Position, die die einzelnen Mitglieder in dem Spannungsfeld der Gruppe einnehmen, d. h. ob sie eher dem neurotischen und gesünderen Pol der Gruppe oder eher den Ich-schwachen Teil zugerechnet werden müssen.

Das Auftreten von Gruppenträumen ist ein wichtiges Indiz dafür, dass die Gruppe kohärente Gruppengrenzen gebildet hat und dass der Träumer selbst die Gruppengrenze als eigene Ich-Grenze internalisieren konnte. Jeder Traum, der in die Gruppe gebracht wird, ist daher zu verstehen als ein persönlicher Kommentar, eine Interpretation der unbewussten Dynamik des Gruppengeschehens. Diese Gruppengrenze entsteht, wie oben schon beschrieben, häufig über den Schutz des sich herausbildenden Außenseiters der Gruppe und/oder indem der Gruppenleiter die Aggression der Gruppe auf sich nahm und dieser standhielt. Dies bewirkt, wenn er standhält, dass die Gruppe Vertrauen in die Leitung und damit in das Standhalten der Gruppe insgesamt schafft. In dem Maße, wie die Gruppe und die Leitung belastbar sind, wächst das Vertrauen auch die dunkelsten „Schatten-Seiten" in die Gruppe hereinzubringen und damit eine Integration dieser wichtigen, häufig als peinlich empfundenen oder abgelehnten, dissoziierten Aspekte zu ermöglichen. Erst diese Integration bewirkt Ich-Struktur-Aufbau und damit Identitätszuwachs. So kann man mit Ammon sagen: „Die Durcharbeitung der destruktiven Aggression bildet daher regelmäßig den Wendepunkt im therapeutischen Prozess und markiert den Schritt von einer bloßen Symptombeseitigung zur vordringlichen Arbeit am eigentlichen Identitätsproblem des Patienten".[33]

c) Das gruppendynamische Verständnis von S. H. Foulkes

Foulkes, der 1933 mit seiner Familie emigrierte und danach auf Einladung von Jones zusammen mit Melanie Klein und Anna Freud als Dozent und Lehranalytiker am psychoanalytischen Institut in London lehrte, prägte den Begriff des Leiters als „conductor" (Dirigent).

Foulkes hat nun die Aufgabe des Gruppentherapeuten auf der manifesten Ebene insoweit betont, dass er auf dieser Ebene nicht führt. Dies sei allerdings eine negative Definition und man könne nicht einfach „nicht führen". Man müsse etwas tun. Das Nicht-Führen leite sich weniger von dem, was der Therapeut tue, als von der Auffassung seiner Rolle ab. Sein Tun und Nicht-Tun habe mehr von einem Leiten oder Lenken. Insofern könne man sagen, dass der Therapeut, während er die aktive Führerschaft der Gruppe nicht beansprucht, sie ununterbrochen lenke. Dabei halte er sich im Hintergrund. Je mehr die Gruppe dazu neige, leiterzentriert zu sein, desto mehr unterwerfe er seine

33 Ammon a. A. O. S. 242

Funktion vollkommen den Interessen der Gruppe. Immer wenn es möglich sei, lasse er die Gruppe sprechen, indem er Zustimmung und Ablehnung und den unterdrückten Reaktionen zum Ausdruck verhelfe. Er aktiviere und mobilisiere das Latente, helfe seinen Inhalt zu analysieren und die interpersonellen Beziehungen zu interpretieren. So gesehen könne die Funktion des Leiters mit der eines Katalysators verglichen werden. Er behandelt die Gruppe auf derselben erwachsenen Stufe stehend wie sich selbst und übt durch sein Beispiel einen wichtigen Einfluß aus. So prägt sein Muster wünschenswertes Verhalten, statt auf die Gruppe einreden zu müssen.

Bei Foulkes befindet sich der Gruppenleiter symbolisch „an der Grenze der Gruppe", was bedeute, dass alles, was von der Gruppe nach außen und von außen in die Gruppe wirke, quasi durch und über den Leiter gehen solle. Er sei somit nicht in erster Linie im Zentrum der Übertragung oder gänzlich außerhalb wie ein Beobachter, sondern sowohl Teilnehmer als auch Leiter; Teilnehmer mit der spezifischen Aufgabe der Gruppenleitung. Von dieser Grenzposition kann er dann je nach Gruppensituation zu den jeweils anderen Positionen pendeln, wenn und falls es notwendig erscheint.

Ein besonderes Anliegen ist es Foulkes, dass der Leiter bei der Gruppenleitung die Qualitäten eines demokratischen Lebensstiles und eines offenen Weltbürgertums haben müsse. Er müsse sich seiner Person leidlich sicher und realitätsbezogen sein. Insbesondere müsse er seinen Ödipuskomplex befriedigend gelöst haben. Er müsse die Gruppe lieben und achten und das Ziel haben, ihre Mitglieder zu selbstverantwortlichen Individuen zu machen. Sein Mut zu führen müsse aus sozialer Verantwortung entstehen. Er müsse das Ziel haben, Unterwerfung zu ersetzen durch Zusammenarbeit von Gleichen unter gleichen Bedingungen. Ein letzter Kern bliebe unbeschrieben, nämlich eine Eigenschaft des Leiters, die man als Charisma bezeichnen könne, also eine ursprüngliche Beziehung, die auf Liebe, Achtung und Vertrauen beruhe, so das Verständnis von Foulkes im Zusammenhang mit dem Begriff „Charisma".

Was die Mitglieder einer Gruppe oder Organisation der Leitung entgegenbringen. Was bringt der Einzelne mit in die Gruppe?
„Wie insbesondere W. R. Bion[34] in der Erforschung der unbewussten Gruppenprozesse gezeigt hat, ist ein Großteil des Gruppengeschehens von unbewussten Erwartungen der Gruppenglieder bestimmt, die sich durchsetzen, ohne die Bewusstseinsschwelle zu erreichen. Bion nennt diese unbewussten Erwartungen „basic assumptions" (Grundeinstellungen). So finden wir zum einen oralabhängige Gruppen, die von ihren zentralen Figuren eine umfassende Gesetzgebung, auch im Sinne eines Moralgesetzes, fordern, und deren Mitglieder sozusagen alle eigenen Entscheidungen an den Leiter delegieren, der dadurch zu einer Über-Ich-Instanz für die Gesamtgruppe und ihre Mitglieder wird. Das heißt: Die Gruppenmitglieder verzichten auf eine eigene Identität, indem sie Ihre Ich-Funktion abgeben und ein oral abhängiges Verhältnis anstreben, indem sie von der zentralen Figur mit Entscheidungen

---

34 Ross A. Lazar: Einige Hauptaspekte von W. R. Bions Modellen, Gruppen und ihre Anwendungen in der Supervision und Beratung sozialer Institutionen.

sozusagen gefüttert werden. Die Gruppe agiert hier einen unbewussten Widerstand gegen ihre eigene Entwicklung zu Autonomie und Selbstbestimmung aus, eine Situation, die wir immer wieder finden können und die mit großen Schwierigkeiten für die zentrale Figur verbunden ist. Die Passivität der Gruppe selbst ist dabei ein Abbild ihrer eigenen, auf den Leiter projizierten Omnipotenzwünsche, die, solange sie unbewusst bleiben, also dann, wenn der Leiter die ihm aufgedrängte Rolle tatsächlich zu übernehmen versucht, eine wirkliche Entwicklung der Gruppe und eine Verwirklichung ihrer Potenzen verhindern. Diese Dynamik ist als Flucht vor der Freiheit von Erich Fromm[35] besonders deutlich beschrieben worden.

Eine andere Form der unbewussten Dynamik der Gruppe entsteht, wenn die Gruppe nach dem von Bion beschriebenen Fight-Flight-Mechanismus agiert und hin und her schwankt zwischen dem Bedürfnis, sich aggressiv mit dem Leiter auseinanderzusetzen oder von ihm zu fliehen, als Gruppe den Leiter zu verfolgen oder sich vom Leiter verfolgt zu fühlen.

Schließlich kann eine Gruppe in ihrem Verhalten auch von der unbewussten Erwartung bestimmt werden, dass es ihre Aufgabe sei, einen Messias hervorzubringen und sozusagen selbst einen omnipotenten Leiter zu erzeugen. Dieses Phänomen ist häufig in dem Zusammenhang zu beobachten, dass die Gruppe sich ein Errettungspaar, das aus der Gruppe hervorgeht, wünscht.[36]

Das interpersonelle Geschehen einer Gruppe bringt Energie hervor. Diese Energie hat Ammon als „soziale

---

35 Fromm E. 1941: Iscape from freedom, Frankfurt: 1966
36 Ammon Günther; Reader: Analytische Gruppendynamik; Was macht eine Gruppe zur Gruppe? S. 61 u. 62

Energie" bezeichnet. Sie ist es, die den Ich-Struktur-Aufbau eines Menschen bewirkt. So gesehen kann man sagen, dass Identität geronnene Sozialenergie und damit Gruppendynamik ist. Dabei entsteht Sozialenergie „durch Kontakt, Auseinandersetzung, Geborgenheit, Verläßlichkeit, Liebe, durch Forderungen an die Identität, durch Forderungen und Aufforderungen zum Tun, zur Tätigkeit und zur Aufgabe.[37]

Überlegungen zur Frage des richtigen Leitungsstils

Abschließend möchte ich auf die Frage, welcher Stil gegenüber anderen zu bevorzugen ist, sagen, dass die beste Antwort wahrscheinlich die ist, dass alles von der jeweiligen Situation abhängt: unterschiedliche Situationen verlangen unterschiedliche Führungsstile[38]. Die Frage eines unterschiedlichen Führungstiles hängt natürlich zunächst mit der Person des Leiters zusammen, welche Vorlieben und Möglichkeiten dieser hat. Sie hängt aber natürlich auch mit der Zusammensetzung der Gruppe oder Organisation zusammen und in welcher Gruppenphase man sich befindet. Naturgemäß benötigt die Anfangs- und die Schlußphase eine sehr starke Führung, in dem Sinne, wie Ammon dies immer betont hat, eines „besonderen sich zur Verfügungsstellens" und auch u. U. des Annehmens der Aggression der Gruppe, die sich häufig gegen eine Grenzperson richtet und diese aus der Gruppe zu werfen droht. In diesem Sinne muss der Leiter die Aggression auf sich ziehen, um so das vom Ausschluß bedrohte Gruppenmitglied in der Gruppe zu halten. In der

---

37 Günther Ammon: Der mehrdimensionale Mensch; das Prinzip der Sozialenergie S. 105/106
38 Manfred F. R. Kets de Vries, Führer, Narren- und Hochstapler; Die Psychologie der Führung, 1993; Vorwort

Mittelphase eines Gruppenprozesses geht es mehr um die Förderung der Auseinandersetzungen in der Gruppe und dadurch das Erleben der eigenen Person und möglicherweise der Korrektur bis in unbewusste Schichten der eigenen Person. In der Schlußphase ist dann der Leiter wieder besonders gefordert, da regelmäßig die Gruppe versucht, das Erlebte rückgängig zu machen. In dieser Phase gilt es also, der Gruppe zu ermöglichen, das Erlebte zu behalten und mitnehmen zu können und somit zu bewahren. Ein schönes Beispiel für die Situation des Haltens bzw. der Einbeziehung eines zu verdrängenden oder verdrängten Omegas oder der Grenzposition gibt Freud[39]. Freud gebraucht aber dieses gruppendynamische Beispiel als Metapher für eine „missglückte Verdrängung" bei der Neurosenbildung. Hier das Beispiel: „Vielleicht darf ich Ihnen den Vorgang der Verdrängung und der notwendigen Beziehung zum Widerstand durch ein grobes Gleichnis veranschaulichen, das ich gerade aus unserer gegenwärtigen Situation herausgreifen will. Nehmen Sie an, hier in diesem Saale und in diesem Auditorium, dessen musterhafte Ruhe und Aufmerksamkeit ich nicht genug zu preisen weiß, befinde sich doch ein Individuum, welches sich störend benimmt und durch sein ungezogenes Lachen, Schwätzen, Scharren mit den Füßen meine Aufmerksamkeit von meiner Aufgabe abzieht. Ich erkläre, dass ich so nicht weiter vortragen kann und daraufhin erheben sich einige kräftige Männer und setzen den Störenfried nach kurzem Kampf vor die Türe. Er ist jetzt also „verdrängt" und ich kann meinen Vortrag fortsetzen. Damit aber die Störung sich nicht wiederhole, wenn der Herausgeworfene versucht, wieder in den Saal einzudringen, rücken die

---

39 Siegmund Freud G. W. VIII, 22-26.

Herren, welchen meinen Willen zur Ausführung gebracht haben, ihre Stühle an die Türe und etablieren
sich so als Widerstand nach vollzogener Verdrängung.
Wenn Sie nun noch die beiden Lokalitäten hier als das
„Bewusste" und das „Unbewusste" auf das Psychische
übertragen, so haben Sie eine ziemlich gute Nachbil-
dung des Vorgangs der Verdrängung vor sich. Denken
Sie daran, mit der Entfernung der störenden Gesellen und der Niederlassung der Wächter vor die Türe
braucht die Angelegenheit nicht beendet zu sein. Es
kann sehr wohl geschehen, dass der Herausgeworfene,
der jetzt erbittert und ganz rücksichtslos geworden ist,
uns noch mehr zu schaffen macht. Er ist zwar nicht
mehr unter uns, wir sind seine Gegenwart, sein höh-
nisches Lachen, seine halblauten Bemerkungen losge-
worden, aber in gewisser Hinsicht ist die Verdrängung
doch erfolglos gewesen, denn er führt nun draußen ein
unerträgliches Spektakel auf und sein Schreien und
mit den Fäusten an die Türe pochen, hemmen meinen
Vortrag mehr als früher sein unartiges Benehmen.
Unter diesen Verhältnissen würden wir es mit Freude
begrüßen müssen, wenn etwa unser verehrter Präsident Dr. Stanley Hall die Rolle des Vermittlers und
Friedensstifters übernehmen wollte. Er würde mit dem
ungebärdigen Gesellen draußen sprechen und dann
sich an uns mit der Aufforderung wenden, ihn doch
wieder einzulassen, er übernehme die Garantie, dass
jener sich jetzt besser betragen werde. Auf Dr. Halls
Autorität hin entschließen wir uns dazu, die Verdrängung wird aufzuheben und nun tritt wieder Ruhe und
Frieden ein."

So wie oben beschrieben sich der Leitungsstil der zeitlichen Entwicklung der Gruppe anpassen muss, muss

er sich wohl auch der inhaltlichen Entwicklung der einzelnen Gruppenmitglieder anpassen.

Abschließend möchte ich sagen, dass man möglicherweise folgende Grundregeln für die Frage der Leitung aufstellen kann, ohne hier eine bestimmte Wertigkeit andeuten zu wollen.

1. Der Leiter sollte sich seines eigenen Leitungsstils bewusst sein und seinen Lebensstil offenlegen.
2. Er sollte keine Verheißungen anbieten, die er nicht halten kann.
3. Er sollte die Gruppe als ein offenes System be greifen.
4. Er sollte entwicklungsfördernd sein und dem Tausch von Rollen der Gruppenmitglieder gegen über aufgeschlossen sein.
5. Er sollte die Fähigkeit haben, Grenzpersonen zu erkennen und diese einzubeziehen, bzw. zu schützen und damit auch die Möglichkeit haben, Aggressionen für die Gruppe entlastend auf sich zu ziehen.
6. Er sollte eine Vorstellung von seiner eigenen Androgynität haben.
7. Er sollte eine friedliche Trennung von den eige nen Eltern absolviert haben.
8. Er sollte damit auch die eigene Ödipusproblema tik durchgearbeitet haben.
9. Er sollte einen eigenen interessanten und demokratischen Lebensstil führen. Vorstel lung von Wiedergutmachung; Vorstellung von der ethischen Frage der Mittel/Zweckrelation sowie deren Ziel haben.

10. Bejahung des Prinzips der Werthaltigkeit einer Organisation oder Gruppe. Offenlegung des Menschenbildes.
11. Verbindung von Herz und Verstand
12. Der Leiter sollte seine eigenen unbewussten Ängste kennen und einen guten Kontakt zu seinem Unbewussten haben. Er sollte ein gesundes Selbstwertgefühl haben.
13. Er sollte über einen guten Humor und Sensibilität verfügen.

Als Leitungsmissbrauch würde ich folgende Punkte charakterisieren:

1. Verheißungen
2. Ständiges zu spät kommen
3. Vorenthalten von Informationen
4. Förderung oder Kreierung einer Außenfeind/-Innenfeinddynamik
5. Angewiesensein des Leiters auf die narzißtische Zufuhr durch die Gruppe
6. Angewiesensein des Leiters auf den Ausgleich eigenen Defizits durch die Gruppe

Es gibt also keinen richtigen oder falschen Leitungsstil, aber sehr wohl Leitungsmissbrauch. Der Leitungsstil hat sich je nach der Situation der Gruppe, Gruppenphase und nach der Zusammensetzung der Gruppenmitglieder zu richten. Natürlich geht es auch um die Fähigkeiten und Vorlieben eines Leiters. Archaisch-Ich-Kranke, also strukturschwache Menschen, evozieren einen Führungsstil im Sinne einer „zentralen Figur". Diese bietet Hilfs-Funktion. Hier geht es um die

Arbeit des Ich-Aufbaus. Bei vorwiegend neurotisch-strukturierten Menschen geht es eher um die Arbeit mit dem Ich. Damit gilt der Satz: Kein Leitungsstil ist apodiktisch richtig.

Zusammenfassend kann man herausstellen:
Der Leiter wird zum Leiter dadurch, dass er das Unbewusste der Gruppe früher erfasst als die Gruppe selbst, etwa durch eigene Träume oder Deutung. Er vertritt die Ziele der Gruppe. Je mehr die Gruppe Angst hat (vor allem am Anfang und am Ende), desto präsenter muss der Leiter sein. Er sollte der Gruppe Raum lassen, da sonst Entwicklungsraum fehlt und Entwicklung nicht möglich ist.

Sonst wird ihm „gruppendynamisch geantwortet". Mit anderen Worten er wird gestürzt.

Konflikt als Chance
Oder: "Was machen die denn da??"

Cornelia Jeschonnek

Gedanken zur persönlichen Konfliktbewältigung als Abschlussarbeit zur Konfliktberaterin

Einleitung

Der Mensch ist ein Gruppenwesen. Er wird in Gruppen geboren, entwickelt sich, lebt und arbeitet in Gruppen, und erst am Ende seines Lebens, wenn er „den letzten Schritt" tut, ist er allein.

Wenn aber unser Leben, unsere persönliche Entwicklung, immer von den uns umgebenden Menschen beeinflusst wird, ist es unvermeidbar, dass es im Kontakt zu anderen auch immer zu Konflikten kommen wird.

Die Frage, die ich eingangs in dieser Arbeit gestellt habe, bezieht sich auf den Umgang mit solchen Konfliktsituationen.

Mit Hilfe von zwei Fallbeispielen werde ich aufzeigen,

- wie der jeweilige Konflikt erlebt wurde
- wie die Veränderung des Verhaltens den Konflikt beeinflusst hat
- welche gruppendynamischen Prozesse bei der Entstehung und Verarbeitung der Konflikte entscheidenden Einfluss hatten.

Diese Beispiele habe ich auch deshalb gewählt, weil es leichter ist, anderen bei einem Konflikt zu helfen, wenn man sich in deren Lage einfühlen kann. Schon Carl Rogers betonte für das Führen „hilfreicher Gespräche" die Wichtigkeit von Empathie, Kongruenz und echtem Interesse für das Gegenüber.

Ich danke an dieser Stelle den Teilnehmern der Studien- und Balintgruppen des LFI für die Genehmigung, diese Fallbeispiele zu verwenden.

Definition des Konfliktbegriffes

„In der Psychologie, aber auch in den Sozialwissenschaften allgemein, spricht man von einem Konflikt dann, wenn zwei Elemente gleichzeitig gegensätzlich oder unvereinbar sind"
(Berkel, Konflikttraining 1995)

Der neutrale Begriff Elemente soll deutlich machen, dass Konflikte sich auf unterschiedlichste Inhalte beziehen können

- Gedanken   ich schaffe es/ nicht
- Verhaltensweisen   Alkohol trinken/ Auto fahren
- Wünsche   Karriere/ Familie
- Absichten   Anerkennung /Funktionalität
- Beurteilungen   der beste Weg zur Abrüstung
- Personen/Gruppen   Vorstand – Personalrat

Entscheidend ist dabei, dass es immer Personen sind, die Stellung beziehen müssen.
Die mögliche Veränderung, die damit verbunden ist, macht zunächst unsicher und das führt in der Folge

dazu, dass Konflikte von uns in der Regel als störend und belastend empfunden werden.

Da Konflikte außerdem die unangenehme Tendenz haben, zu eskalieren, gerät der Mensch zunehmend unter Druck das Problem zu bewältigen, um wieder handlungsfähig zu werden und sich wieder den täglichen Lebensaufgaben widmen zu können.

Einen Konflikt zu bewältigen setzt zunächst mal voraus, dass die belastende Situation genauer betrachtet, analysiert wird. Erst dann kann aus dem verständnislosen „Was machen die denn da?" das zur Bewältigung notwendige „Was macht das mit mir?" folgen.

Die Reflektion der eigenen Rolle, bzw. des eigenen Verhaltens und die Bereitschaft, zur eigenen Sicht der Dinge die Sichtweise des anderen einzubeziehen, kann dann neben der Bewältigung des ursprünglichen Konfliktes auch die Chance zur Erweiterung der eigenen Identität schaffen.

Fallbeispiele

Die familiäre Situation

Vor ca. zwei Jahren sah die Familiensituation der Teilnehmerin der Studiengruppe etwa so aus:

Die Trennung von ihrem Mann lag zu diesem Zeitpunkt drei Jahre zurück. Er war ausgezogen und sie lebte mit ihrer damals 14-jährigen Tochter und ihrem 17-jährigen Sohn in ihrem Haus, die Kinder waren jede zweite Woche bei deren Vater.

Und nun zog ihr Freund bei ihr ein.

Während der Sohn zu ihm ein eher oberflächliches Verhältnis hatte, gab es zwischen der Tochter und ihm permanente Spannungen.

Worin bestand der Konflikt?

Die Tochter wollte diesen Mann nicht um sich haben. Sie war offensichtlich eifersüchtig, mochte ihn nicht, er ist so ganz anders als ihr Vater, er stand ihrer Ansicht nach einer möglichen Versöhnung der Eltern im Wege. Besonders deutlich war das in Phasen zu bemerken, wenn ihr Vater gerade keine Freundin hatte. Die Tatsache, dass sie mitten in der Pubertät steckte, machte die Sache auch nicht leichter.

Der Freund wollte ein gemeinsames Leben mit der Teilnehmerin. Und das gab es nun mal nur als „Familienpackung". Seine drei Töchter waren erwachsen und er hatte so seine Vorstellungen, wie man mit pubertierenden Mädchen umgehen sollte.

Diese deckten sich aber nicht immer mit ihren Vorstellungen, so dass er neben dem Bemühen um Akzeptanz durch die Kinder damit beschäftigt war, seine Position neben ihr in der neuen Gruppe zu finden und sich zu behaupten.

Sie fühlte sich hin und her gerissen zwischen dem Wunsch, der Tochter eine gute Mutter zu sein und ihr in dieser für alle schwierigen Situation zu helfen einerseits, dem Wunsch nach einer harmonischen Paarbeziehung andererseits, und dem Schuldgefühl, es keinem Recht machen zu können.

Wie äußerte sich der Konflikt?

Zwischen der Tochter und dem Freund gab es keinen offenen Streit, sie begegnete ihm mit Missachtung, Überheblichkeit und demonstrativem Ignorieren.

Er hingegen schwankte in seinem Verhalten zwischen auffälligem Bemühen um Anerkennung, Trotz und Frustration, aber auch Beschwerden über ihr Verhalten bei ihrer Mutter. Sein Wunsch nach offener Auseinandersetzung mit ihr wurde von der Teilnehmerin jedoch regelmäßig boykottiert.

Dieser gefiel zwar das Benehmen ihrer Tochter nicht, sie schreckte aber davor zurück, ihr das auch in aller Deutlichkeit zu sagen. Immer wieder fand sie Entschuldigungen für sie, hatte sie sie doch in diese Situation gebracht.

Aber der eigentlich „Schuldige" war für sie ihr Freund. Immer wieder bat sie ihn, zu ihrer Tochter auf Distanz zu gehen, sie ebenfalls zu ignorieren.

Sie dachte, wenn er nur freundlich, aber zurückhaltend wäre, würde die Tochter schon neugierig werden, dann auf ihn zugehen können, aber das Maß an Nähe dabei selber bestimmen. Eine Strategie, die unsere Teilnehmerin, als sie sich kennen lernten, bei seiner jüngsten Tochter erfolgreich angewandt hatte.

Warum klappte das bei ihr zu Hause nicht?
Welche Rolle hatte sie dabei?

Leider hatte sie übersehen, dass hier ganz andere Charaktere betroffen waren, mit anderer Vergangenheit und anderen Erfahrungen, die außerdem innerhalb ihrer Gruppe völlig unterschiedliche Rollen einnahmen.

Die Situation ließ sich nicht einfach 1:1 übertragen. Bei seiner Tochter war er der Chef, und sie der „Eindringling", bei ihr war es umgekehrt.

Und es ist nun mal nicht so, wie es die Verhaltens-theorie beschreibt und es in gängigen Verhaltens-trainings geübt wird, dass man sich nur auf eine bestimmte Art verhalten muss, um darauf vorherbestimmte Reaktionen zu bekommen.

Und hier komme ich noch mal auf C. Rogers zurück, und auf die Wichtigkeit von Kongruenz, also Echtsein, im Verhalten. Genau dieses Echtsein hatte sie ihm aber „verboten".

Im Verlauf ihrer Ausbildung erkannte sie dann nicht nur, dass sie mit ihren Erwartungen an die Beiden völlig daneben lag, sondern wurde auch mit der Erkenntnis konfrontiert: Wenn ich will, dass sich etwas ändert, muss ich mich und mein Verhalten verändern.

Durch die Rückmeldungen innerhalb der Studiengruppe hatte sie erkannt, wie konfliktscheu sie selbst eigentlich war. Sie hatte aber dort auch die Erfahrung gemacht, dass es möglich ist, auf konstruktive Weise Konflikte anzugehen und zu bewältigen. Also kam ihr die Idee, dass ihre Bitte um Distanz zwischen ihrem Freund und ihrer Tochter nicht nur eine Art „Identitätsverbot" darstellte, zumal er von Natur aus wohl eher auf Menschen zugehend ist und durchaus in der Lage, seine Konflikte offen anzugehen, sondern dass ihre Angst vor Streit in ihrer Rolle als „Leiterin" der Gruppe auch jede offene Auseinandersetzung behinderte.

Und konnte es nicht sogar sein, dass die Beiden sich nicht trauten, sie anzugreifen, weil sie ihre Angst spürten, und genau deshalb ihre Frustration am jeweils anderen ausließen?

Wie war die Gruppensituation?

Durch den Einzug des Freundes befand sich ihre Gruppe in der Anfangsphase, die von ihr als „Leiterin" erwartete Strukturgebung ist nicht erfolgt.

Die dadurch entstandene Unsicherheit und Wut konnte sie aber zunächst nicht annehmen, zumal sie zu diesem Zeitpunkt gar nicht wusste, wie nötig es für die Gruppe gewesen wäre.

Was macht eine Gruppe in dieser Situation – sie sucht sich einen „Sündenbock". Im Sinne von R. Schindler's Rangdynamikmodell, übernahm ihr Freund diese Rolle, und definierte so die Gruppengrenze. Mit seiner Beharrlichkeit, „anders" zu sein, als sie es sich vorstellte, und der Ausdauer, in dieser Rolle zu verharren, zwang er sie aber auch, sich diesem Konflikt zu stellen.

Intervention durch Änderung des Leiterverhaltens
Als sie erkannt hatte, welchen Anteil sie an der Entstehung dieses Konfliktes hatte, teilte sie den Beiden mit, sie hätte sozusagen eine Hausaufgabe, die darin bestehe, konfliktfähiger zu werden. Dazu sei es erforderlich, sich in Zukunft ordentlich mit ihr zu streiten, damit sie lerne, das auszuhalten und damit umzugehen. Außerdem machte sie ihrer Tochter klar, dass sie ihr respektloses Verhalten künftig nicht mehr tolerieren würde, und forderte ihren Freund auf, Konflikte mit ihr ebenfalls offen auszutragen.

Heute ist der Umgang miteinander deutlich anders. Sie diskutieren offener, sie bekommt mehr „Gegenwind", und gelegentlich streiten sie auch heftig. Sie geht diesen Konflikten nur noch selten aus dem Weg, kann es aushalten, wenn ein Mitglied der Familie wütend auf sie ist und nimmt ihren Freund mehr in die Verantwortung. Er ist viel gelassener geworden, reagiert nicht mehr so frustriert und kindisch, wenn etwas nicht nach seinen Vorstellungen geht.

Aber die deutlichste Veränderung ist im Verhalten der Tochter zu erkennen. Die völlige Ablehnung dem Freund gegenüber ist einem Verhalten gewichen, das man nicht nur höflich, sondern freundlich nennen kann. Sie erzählt ihm von sich und bezieht ihn in Gespräche ein. Manchmal nimmt sie ihn in Schutz, wenn ihre Mutter ihn kritisiert. Und wenn sie „zickt", dann mit ihr.

Der berufliche Konflikt
(geschildert von einem Mitglied der Balint-Gruppe)

Seit einiger Zeit arbeitet er in der Verwaltung eines Dienstleistungsunternehmens. Der Aufgabenkreis umfasst Sachbearbeitung, Schriftverkehr, Kundenanfragen und Reklamationen.

Die Abteilung war seit geraumer Zeit unterbesetzt. Eine weitere Stelle war avisiert, der Zeitpunkt war aber unklar. „Zeitnah" hieß es, was immer das auch bedeuten konnte. Sein Team arbeitete daher ständig am oberen Limit seiner Möglichkeiten.

Worin bestand der Konflikt?

Aufgrund der starken Belastung baten sie die Kollegen aus den anderen Abteilungen, besonders gründlich und sorgfältig zu arbeiten, um zusätzlichen Arbeitsaufwand durch Reklamationen und Rückfragen möglichst gering zu halten. Die Kollegen reagierten darauf sehr unterschiedlich, von Einsicht bis Rechtfertigungen, warum manche Dinge nicht beachtet werden könnten.

Sowohl seine Abteilungsleitung, als auch die Verkaufsleitung schienen von den Erklärungen der Kollegen sehr schnell überzeugt und betrachteten die Sache als erledigt. Fehler mache schließlich jeder. Das sei aber kein Grund aggressiv zu werden! Es änderte sich nichts!

Wie äußerte sich der Konflikt?

Der stetige Druck in Verbindung mit dem Gefühl, keine Unterstützung durch die Geschäftsleitung zu bekommen, führte bei ihm zu Frustration und Wut.

Der dringend benötigte Urlaub einer Kollegin seiner Abteilung ließ schließlich die Situation eskalieren.

Natürlich war die Situation auch der Personalabteilung bekannt, und Personalersatz für diese Zeit seit Monaten angefordert. Man schickte ihnen zur Unterstützung eine Teilzeitkraft, die nach eigener Aussage nicht gut mit den anfallenden Aufgaben vertraut war. Der Abteilungsleiter war nicht da und so schlug er dessen Stellvertreter vor, die Aushilfskraft in den Verkauf zu nehmen und einen Kollegen von dort, der sich

freiwillig angeboten hatte, zu seiner Unterstützung in die Abteilung zu geben. Das wurde aber abgelehnt.
Alle Kollegen der Abteilung hatten den Eindruck, hier sollten Machtkämpfe auf ihrem Rücken ausgetragen werden und reagierten entsprechend ärgerlich. Diesen Ärger äußerten sie auch laut, besonders wenn wieder einmal etwas Fehlerhaftes von anderen Abteilungen zur Bearbeitung kam.

Die Unzufriedenheit, die in seiner Abteilung herrschte, blieb auch der Zentralverwaltung nicht verborgen. Die Mitarbeiter seiner Abteilung fühlten sich nicht unterstützt und beschlossen, „Dienst nach Vorschrift" zu machen. Die wichtigen Dinge zu erledigen und alles andere müsse halt liegen bleiben.
Durch den Einsatz der Teamleiterin kam es dann zu der Zusage, künftig erfahrenere Aushilfskräfte einzusetzen. Die Stimmung in seinem Team entspannte sich dadurch deutlich.

Der Konflikt eskalierte erneut, als es zu Nachfragen aus der Zentralverwaltung an die Abteilungsleitung kam.
Der Abteilungsleiter forderte daraufhin inhaltlich zu Recht, das Beschwerden innerhalb der Abteilung zu klären seien.

Dem stimmten die Kollegen der Abteilung inhaltlich ebenfalls zu, äußerten in diesem Zusammenhang aber vehement ihren Unmut darüber, dies in der Vergangenheit mehrfach getan zu haben, sich aber in der konkreten Konfliktlösung wenig unterstützt fühlten.

Durch die zunehmende Emotionalität innerhalb der Auseinandersetzung fühlte sich der Leiter in seiner Führungskompetenz in Frage gestellt und verlangte, den Konflikt in Einzelgesprächen zu klären.

Die Rolle des Gruppenmitgliedes im Konflikt

Seine Gefühle in dieser ganzen Situation waren sehr vielfältig. Da der Chef zunächst einen Termin wahrzunehmen hatte, blieb ihm Zeit, sich auf das Gespräch vorzu-bereiten. Also fing er an, seine Gefühle zu sortieren.

Zum ersten war da Wut:

auf den Chef, weil er ihn nicht nur nicht unterstützte, sondern quasi unterstellte, er würde das Klima in der Abteilung verderben.
auf die Strukturen des Betriebes, die keine Unterstützung boten.

Auf die Teamleiterin?
Nein, sie hatte ja im konkreten Fall unterstützt, und außerdem hatte sie, weil hochschwanger, ihren vorletzten Arbeitstag in seiner Abteilung. So jemanden kann man doch nicht angreifen?!

Dann war da Angst:

Angst vor der direkten Konfrontation mit dem Chef.
Allein, ohne Unterstützung durch die Kollegen.
Und Unsicherheit:
Würde er in der Lage sein, sich zu behaupten?

Würde er hinterher die Rolle des Sündenbocks haben, weil er derjenige war, der die Dinge offen anspricht?
Er besann sich darauf, was er in den letzten Jahren gelernt hatte. Er wollte seinen Abschluss als Konfliktberater, wollte in die Co-Leitung. Und in der Balint-Gruppe hatte er doch auch die Rückmeldung bekommen, dass seine berufliche Veränderung und mein Fort-schreiten bei der Ausbildung sehr ähnlich seien. Und den offenen Umgang mit Konflikten wollte er doch auch erlernen. Seine Kollegen würden ihn ebenfalls in der konstruktiven Arbeit am Konflikt unterstützen.
Da war die Angst weg!

Und was wollte er erreichen? Dass seine Nöte ernst genommen werden und die Abteilung als Teil des Gesamtbetriebes gesehen werden, mit der entsprechenden Unterstützung bei Bedarf.
Dass die Abteilungsleitung ihrer Führungsaufgabe insofern stärker nachkommt, dass sie klarere und verbindlichere Strukturen setzt.

Da war die Wut weg!

Konfliktbearbeitung

Das folgende Gespräch empfand er sehr konstruktiv.
Er konnte ruhig erklären, dass er sich im Stich gelassen fühlte, dass er Angst hatte, seine Aufgaben nicht ausreichend erfüllen zu können, aber auch, dass er eigentlich die Situation schon im Griff zu haben glaubte.
Was die Kollegen aus den anderen Abteilungen anging, so hatte er fünf Minuten vor dem Gespräch wieder et-

was zur Bearbeitung bekommen, dass sehr unvollständig war, obgleich der Abteilungsleiter doch grade morgens erst um mehr Sorgfalt gebeten hatte.
Anschließend sprach der Teilnehmer das persönliche Vertrauensverhältnis an.

Ihm wurden seine fachlichen und sozialen Kompetenzen bestätigt, doch habe man eine unterschiedliche Herangehensweise an Konflikte, was gegebenenfalls zu Spannungen führen könne.
Seinerseits konnte er seine konstruktive Mitarbeit versichern.

So endete dieses Gespräch in entspannter Stimmung, aber so richtig zufrieden war er nicht.
Irgendwie hatte er das Gefühl, diese Konfliktsituation noch nicht so richtig verstanden zu haben.

Wie war die Gruppensituation?

Der Abteilungsleiter betont, alle seien ein Team.

Doch nicht nur seine Gruppe hatte Probleme, auch innerhalb der anderen Abteilungen gab es Spannungen durch latente Konflikte.
Zeitgleich, mit der Eskalation in der Abteilung des Gruppenmitgliedes, kam es zu einem offenen Streit in einer benachbarten Abteilung.
Wie oft haben wir genau dieses Phänomen während der Balint-Wochenenden im Institut erlebt, dass es in mehreren scheinbar unabhängig voneinander handelnden Gruppen zu ähnlichen oder gleichen Handlungen kommt.

Die Besonderheit zu diesem Zeitpunkt bestand aber darin, dass seine Teamleiterin ihren letzten Arbeitstag hatte, und deren Nachfolge noch ungeklärt war.

Auf einer, von dem Abteilungsleiter organisierten Abschiedsfeier, bestand überraschenderweise die Gelegenheit, den neuen Teamleiter kennen zu lernen.
Auf dem Heimweg machte sich unser Falldarsteller Gedanken zu dem Erlebten der letzten Tage. Und da wurde ihm klar, was er bisher übersehen hatte.

Welche Vokabeln und damit verbundenen Gefühle hatten die letzten Tage Vorrang: Angst-, Wut- Verlassensein-, Im Stich gelassen werden.
Das hatte ich doch vor gar nicht langer Zeit schon mal gehört. Waren das doch genau die Gefühle in der Trennungsphase der Studiengruppe.
Und auch als die Co-Leiterin seinerzeit (wegen Schwangerschaft!) die Studiengruppe verlassen hatte, waren genau diese Dinge thematisiert worden. Seine Abteilung, ebenso der ganze Betrieb, waren doch auch in der Trennungsphase! Seine Gruppe verlor gerade die Leitung, die Großgruppe die Co-Leitung.
Mit Eintreffen des Nachfolgers würde eine neue Gruppe beginnen.
Kein Wunder, dass er so wütend gewesen war!
Das war Trennungswut!

Nachdem ihm das einmal klar geworden war, konnte er sich mit Interesse auf die zukünftige Teamarbeit einlassen.

Die theoretische Basis

Die Analyse der beiden Konflikte erfolgte auf der Basis der „Analytischen Gruppendynamik" von Günter Ammon.

Er hat die unbewusste Dynamik von psycho-analytischen Studien- und Forschungsgruppen „als ein Naturgeschehen verstanden, das außerordentlich tiefgreifende psychische Prozesse in Bewegung setzt." (Ammon, Analytische Gruppendynamik)

In Ammons Menschenbild hat jeder Mensch zeitlebens die Möglichkeit, sich zu entwickeln und zu reifen. Besonders wichtig für seine Vorstellung der menschlichen Struktur sind das Unbewusste und die Aggression. Das Unbewusste ist für ihn ein Ort der kreativen Möglichkeiten, die es zu fördern gilt. Aggression bedeutet für ihn Kontaktaufnahme im Sinne von „auf jemanden oder etwas zugehen". Ohne konstruktive Aggression sind eine gelingende Ich-Abgrenzung und die Entstehung eigener Identität nicht möglich. Die Bildung von Ich-Struktur erfolgt in Gruppen, durch die in Beziehungen vorhandene Sozialenergie. Darum bilden sich die Beziehungsstrukturen der Primärgruppe in der sich entwickelnden Identität des Menschen ab. Das gilt nicht nur für die konstruktiven, sondern auch für die destruktiven oder defizitären Anteile.

Ammon bezeichnet Identität daher auch als geronnene Sozialenergie. Hier setzt Ammon mit der psychoanalytischen Gruppendynamik an, wenn es darum geht, den Menschen bei der eigenen Entwicklung zu helfen. Er steckt in seiner Arbeit niemanden in eine „Schublade", indem er ihm ein bestimmtes Etikett aufdrückt, sondern lässt jedem die Freiheit, sich im eigenen Tempo zu entwickeln.

Damit überträgt er auch jedem Menschen die Verantwortung für sein eigenes Sein.

Will man sich aber „sich selbst stellen", hält Ammon die Auseinandersetzung mit und in Studien- und Forschungsgruppen für sinnvoll. Die Gruppenmitglieder werden dabei zu „Hilfs-Ichs", der Mensch kann sich in diesen Gruppen ausprobieren, bekommt Öffentlichkeit und Feedback. Dabei findet Identitätsentwicklung statt.

Fazit

Diese beiden Fallbeispiele zeigen Konflikte aus unterschiedlichen Positionen. Der erste Fall wurde aus der Perspektive der Gruppenleitung geschildert, der zweite Fall aus der Perspektive eines Teilnehmers mit der Bereitschaft zur Co- Leitung..

Die Gruppen befanden sich im ersten Fall in der Anfangsphase, im Zweiten in der Trennungsphase.

Beide Aspekte waren während des Konfliktes zunächst nicht bewusst. Erst die bewusste Aus-einandersetzung damit, die durch die Studiengruppe, das Studium von Gruppenprozessen und die Teilnahme an der Balint-Gruppe möglich war, hat dazu geführt, diese Konflikte zu bewältigen.

Diese Konflikte waren für die Fallgeber die Chance, sich persönlich weiter zu entwickeln.

Die analytische Gruppendynamik halte ich dabei für unverzichtbar, denn wie sich immer wieder zeigt, spie-

len bei der Entstehung von Konflikten viele unbewusste Prozesse eine Rolle, die es zu erkennen gilt, will
man die Eskalationsdynamik eines Konfliktes unter-
brechen.

Literatur

Ammon, Günter: Handbuch der Dynamischen
                      Psychiatrie 1, München 1979

Ammon, Günter: Analytische Gruppendynamik
                      Frankfurt am Main 2002

Berkel, Karl: Konflikttraining
                      Frankfurt am Main 2005

Der Begriff der Identität wird im Sinne Ammons in unterschiedlichen Ebenen und Dimensionen gedacht:

1.   als zentrale Ich-Funktion des Unbewussten in Interdependenz zu anderen Ich-Funktionen.
   Dependente Funktionen sind beispielsweise: Ich-Abgrenzung, Aggression, Kreativität, Sexualität, Narzissmus, Gruppenfähigkeit.

   INTRAPSYCHISCHE EBENE

2.   als Struktur, als Gesamtheit aller Ich-Funktionen

   INTERPSYCHISCHE EBENE

3.   als Grenzgeschehen zwischen den Menschen, als die Grenze der Auseinandersetzung zwischen Individuum und Gruppe.
   Hier findet Identitätswachstum statt – es ist dies die Dimension des Raumes.

   GRUPPENDYNAMISCHE EBENE

4.   aus dem Spannungsfeld Individuum – Gruppe entsteht eine neue Dimension: die Identität als psychische Energie, als SOZIALENERGIE, als

   ÖKONOMISCHES PRINZIP

   Sie bewirkt den Ich-Struktur-Aufbau.

5. als eine 5. Dimension der Identität ist die prozesshafte Ebene zu verstehen, die Identität als dynamisches Entwicklungsprinzip, als Prozess fortwährender sozialenergetischer Auseinandersetzungen des Menschen.
In dieser Ebene ist das Unbewusste zur Gegenwart hin offen. Und die Gegenwart findet in Gruppen statt – die Gruppe in ihrer aktuellen Realität bildet die Gegenwart.

Die Identität in ihrer sozialenergetischen Dimension schafft eine Synthese zwischen Individuum und Gruppe, Unbewusstem und Gruppe und damit Raum und Zeit.

STRUKTURBILDUNG DURCH GRUPPENDYNAMIK

Wenn Leiter nicht leiten

Doris Wolters

Eine Abhandlung über die Bedeutung von gruppendynamischen Prozessen und die Funktion des Leiters in
Gruppen und seine Auswirkungen auf die Gruppen,
wenn der Leiter nicht leitet.

Diese Abschlussarbeit zum Thema „Wenn Leiter nicht
leiten" befasst sich zum einen mit den gruppendynamischen Prozessen von W. R. Bion und G. Ammon, und
zum anderen mit der Rolle der zentralen Figur und
den unbewussten Prozessen innerhalb einer Gruppe.
Im Weiteren wird anhand eines Fallbeispieles darge-
stellt, welche Auswirkungen es haben kann, wenn die
Funktion des Leiters nicht ausgeübt wird.

Die Thematik „ Aufgaben und Funktion des Leiters"
in Bezug auf die Gruppe ist für mich deshalb von besonderer Bedeutung, da ich mich im Rahmen meiner
Supervisionsausbildung mit der Rolle der Leitung von
Gruppen auseinandergesetzt habe. Durch die Selbst-
und Fremdreflexion z.B. innerhalb der Studiengruppe,
wurden mir die gruppendynamischen Prozesse und
insbesondere die Bedeutung des Leiters deutlich. Der
Leiter muss nicht nur ausreichend Fachwissen über
sein Arbeitsfeld haben, sondern auch eigene Erfahrungen über bewusste und unbewusste Prozesse innerhalb
der Gruppe haben. Dieses Wissen trägt dazu bei, dass
die Gruppe effektiv und zufrieden arbeiten kann.

Bedanken möchte ich mich bei meiner Freundin Nicole
Lohmann und dem Institut für Gruppendynamik und
analytische Organisationsberatung. Meiner Freundin
der Dank dafür, dass sie mich immer angetrieben hat,
weiter zu machen, obwohl sie mich oftmals entbehren

musste, und für das schöne Essen nach dem Studien-gruppen-Wochenende.

Dem Institut für Gruppendynamik und analytische Organisationsberatung, insbesondere meinem Men-tor, der mir Vertrauen entgegenbringt und mir Aus-einandersetzungen ermöglicht, an denen ich mich wei-terentwickeln kann.

Gruppendynamisches Konzept nach W.R. Bion

Bion beschreibt zwei Ebenen des Gruppen-prozesses. Zum einem die realitätsbezogene Ebene, die er Ar-beitsgruppe nennt, und die wunsch-bezogene Ebene, die Grundannahmen-Gruppe. „Grundannahmen" des-halb, weil sich diese basalen affektiven Zustände nach Bion dadurch plausibel erklären lassen, dass man un-terstellt, die Gruppe teile unbewusst bestimmte ge-meinsame Annahmen oder Einstellungen, welche sie sich so und nicht anders verhalten lässt. Arbeitsgrup-pe und Grundannahmen-Gruppe sind gewissermaßen als Antagonismen zu sehen, die als Affektregulativ in der Gruppe zusammenwirken."(Erwin Lemche, der Beitrag von W.R. Bion zur psychoanalytischen Grup-pentherapie, S.3)

Die Arbeitsgruppe

Diese Ebene hat die Tendenz, sich eine differenzierte Struktur zu geben, als Organisationsform, in Verfah-rensregeln, Geschäftsordnung usw., um sich vor den mit der Grundannahmen-Gruppe verbundenen Affekt-zuständen zu schützen. Im Rahmen des Gruppenpro-zesses beinhaltet die Ebene die Auseinandersetzung mit der Realität. „Dieses Zusammenwirken der Mit-glieder in der Arbeitsgruppe als bewusstes – unbewusstes Handeln bei der Arbeit belegt Bion mit dem Begriff Kooperation. Kooperation beinhaltet ein Mindestmaß an sozialer Fähigkeit, ein Bewusstsein der Aufgabe und verbalen (rationalen) Austausch." (ebd. S.3) Eine weitere Voraussetzung dieser Arbeitsgruppe ist die Frustrationstoleranz und die Fähigkeit, Gefühle zu beherrschen. „Es wird ein Führer ausgewählt, der besonders effizient erscheint, die Voraussetzungen dafür zu schaffen, dass eine solche Herangehensweise erfolgen kann. Die mögliche mühevolle Aufgabe fördert Wachstum und Reife in der Gruppe und ihren Mitgliedern." (Grinberg u.a., in, Ross A. Lazar, Einige Hauptaspekte von W.R. Bions Modell der Gruppe und ihrer Anwendung in der Supervision und Beratung sozialer Institutionen, S. 104)

Das ständige Nebeneinander von Grundannahmen-Gruppe und Arbeitsgruppe führt zu einem ständigen Konflikt in der Arbeitsgruppe. Dieser Konflikt kann ein Konflikt zwischen „Individuum und Gruppe sein, zwischen Subgruppe und Subgruppe, zwischen Idee und Gruppe oder aber zwischen Arbeitsgruppe und Grundannahmen-Gruppe." (ebd., S.104)

Der Einzelne ist den Gefühlen der Einsamkeit, Isolation und dem Schmerz ausgesetzt, „die Wachstum und Entwicklung unvermeidlich begleiten." (s.o.)

Die Grundannahmen – Gruppe

Bei den Grundannahmen handelt es sich um unbewusste Affekte, die bei allen Gruppenmitgliedern vorhanden sind. Bion geht von drei Grundannahmen aus, die die unterschwellige Ebene des Gruppenlebens bilden.

Die Grundannahme Abhängigkeit

„Sie besteht in der Überzeugung, dass die Gruppe zusammengekommen ist, um von einem omnipotenten und allwissenden Leiter beschützt zu werden. Genauso entsteht das komplementäre Bedürfnis, Schutz zu gewähren. Die Gruppe bleibt allgemein in passiv-oraler Abhängigkeit." (G.Ammon, Handbuch der Psychiatrie, 1979, S. 167)

Die Grundannahme Kampf/Flucht

„Jede Beziehung wird von Grund auf als gefährlich angesehen, so kann jeder sich nur durch Kampf gegen jemand oder durch Flucht vor jemandem erhalten. Toleranz für Schwäche ist in dieser Gruppe nicht möglich." (s.o.)

Die Grundannahme Paarbildung

„Die Atmosphäre ist optimistisch und hoffnungsvoll, Bion spricht von messianischer Hoffnung, denn aus der Vereinigung zweier Mitglieder wird sich erhofft, dass ein Messias entsteht, der das Paar oder die Gruppe retten kann." (ebd.)

Das gruppendynamische Konzept von G. Ammon

Für Ammon hat die Teilnahme an gruppendynamischen Gruppen die Aufgabe, „dem Teilnehmer zu ermöglichen, sich selbst in der Gruppe zu erfahren, d.h. seine Rolle und Position, die er im Gruppenprozess manchmal wechselnd, manchmal starr fixiert einnimmt, seine Beiträge, die er im Gruppenprozess leisten kann; die „Feedback - Mechanismen" durch die Gruppe, den Leiter und die Mitglieder; das Studium dessen, was in einer Gruppe passiert: z. B. Leitersturz-aktion, Unter-gruppenbildung, Aggressionsdynamik, schöpferische Entfaltung, Kooperation in der Gruppe, Erotik in Gruppe und – last not least – die Macht des Unbewussten. Es ist das Ziel, dass die Teilnehmer diese gewonnenen Erkenntnisse auf sich selbst in ihren Beziehungen und in den Gruppen, in denen sie leben, anwenden." (G. Ammon, Analytische Gruppendynamik, S. 13)

In der Anfangsphase der Gruppenbildung stellt sich den Teilnehmern die Vertrauensfrage. Fragen, wie kann ich jemanden ansprechen, was wird von mir erwartet, was denken die Anderen über mich usw. tauchen bei den Teilnehmern auf. In dieser Phase ist der Leiter besonders wichtig. Durch die Struktur, die vom Leiter vorgegeben wird, wie z.B. Vorgabe der Räumlichkeiten, der zeitlichen Abläufe, werden erste Unsicherheiten bei den Teilnehmern genommen. Er muss jedem Teilnehmer die Möglichkeit und die Zeit geben, sich zu äußern (sich vorzustellen), Unklarheiten durch Nachfragen beseitigen und ggf. andere Teilnehmer zu Äußerungen auffordern. Aber auch die Auseinandersetzung der Teilnehmer untereinander und die Auseinandersetzung des Leiters mit den Teilnehmern wird dazu beitragen, dass sich Gruppengrenzen bilden und eine Gruppenidentität hergestellt wird.
In dieser Phase ist es besonders wichtig, dass sich Gruppengrenzen bilden. „Nach meiner Erfahrung ist die aggressive Auseinandersetzung mit sich, in Form der zentralen Figur (zu Beginn der Gruppenbildung ist die zentrale Figur der Leiter (Anm. d. Verf.) der Gruppe eine unentbehrliche Voraussetzung für das Entstehen von Gruppengrenzen, die aus der Gruppe erst

jenen „zwischenmenschlichen Innen-raum" werden lassen, in den hinein die einzelnen Gruppenmitglieder kreativer und konstruktiver Beiträge zur Gruppenarbeit entwerfen können." (G. Ammon, Was macht eine Gruppe zur Gruppe?, S.60)
Diese Gruppengrenzen sind deshalb so wichtig, damit sich der Einzelne vor dem „Hintergrund der Gruppengrenze" abheben kann, aber auch seine „eigene Identität in der Gruppe" behalten kann. (s.o.)

In der Mittelphase erlebt die Gruppe sich als Ganzes. In diesem gruppendynamischen Prozess „führt dies schließlich zu der Erfahrung, (...), dass die von einzelnen Mitgliedern der Gruppe zunächst als Einschränkung der Individualität erlebte und gefürchtete Bildung einer kohärenten Gruppen-grenze sich schließlich als Arbeitsgrundlage erweist. In dieser Phase kann verstehend und unterstützend, konfrontierend und interpretierend auf die verschiedenen Mitglieder eingegangen und ihnen ein Weg gewiesen werden, der Ausbildung und Verstärkung eigener Ich–Grenzen und somit eigene Identität ermöglicht" (G. Ammon, Analytische Gruppendynamik, S.16). Diese Phase kann als eigentliche Arbeitsphase der Gruppe bezeichnet werden.
In dieser Phase kann die zentrale Figur wechseln. In der Anfangsphase ist der Leiter von besonderer Bedeutung. In der Mittelphase nehmen häufig Teilnehmer die Funktion der zentralen Figur ein. Als zentrale Figur kann jener Teilnehmer bezeichnet werden, der die Bedürfnislage der Teilnehmer in der Gruppe erkennt, und diese in der Gruppe äußert.

Zum Abschluss eines gruppendynamischen Prozesses gehört die Trennungsphase. Hier kommt dem Leiter als zentrale Figur wieder besondere Bedeutung zu. Der Leiter stellt von sich aus den Trennungsschmerz in den Mittelpunkt und gibt den Teilnehmern damit eine „Angriffsfläche", um sich mit der Trennung auseinander zu setzen. Bedeutsam ist es auch, zu klären, wie sich der einzelne Teilnehmer innerhalb der Gruppe selbst gesehen hat. Welche Rolle er spielte und wie die anderen Teilnehmer ihn sahen. Ungeklärtes sollte geklärt werden. Erfahrungen der Teilnehmer, die nicht geklärt werden, werden von ihnen mit in andere Gruppen genommen und würden zu einer Stagnation ihrer Ich-Entwicklung führen.

Bions gruppendynamisches Konzept basiert darauf, dass er 8 – 10 Teilnehmer ausgesucht hat, die seines Erachtens miteinander auskommen können. Anschließend stellte er den Teilnehmern die Struktur dar, die darauf beruhte, dass er ihnen den Raum sowie den zeitlichen Umfang mitteilte. Ansonsten verhielt sich Bion distanziert zu den Gruppenmitgliedern. Er übernahm keine Leitungsfunktion. Somit unterstützt Bion die auftretenden Gefühle von Verlassenheit in der Gruppe. „Gleichzeitig macht er die Gruppe abhängig, weil die Gruppe die ständige Erwartung hat, vom Leiter doch noch die erhoffte Zuwendung zu bekommen." (G.Ammon, Handbuch der Psychiatrie, 1979, S. 167) Der Leiter stellt sich nicht, wie bei dem gruppendynamischen Konzept von G. Ammon, den Aggressionen der Gruppenmitglieder, sondern sieht sich einem „Chaos" gegenüber, das er durch seine passive Haltung hervorgerufen hat.

Ammons gruppendynamisches Konzept basiert zum einen auf einer jahrelangen Untersuchung und zum anderen auf einer aktiven Rolle des Leiters. Sie bedeutet Auseinandersetzung, Interesse an den Gruppenmitgliedern. Dadurch wird dem Teilnehmer ermöglicht, eigene Erfahrungen in der Gruppe zu machen, die nicht durch Ängste vor Verlassenheit geprägt sind. Ein anderer Aspekt ist, dass das Gruppenmitglied sich durch die Selbsterfahrung in der Gruppe weiter entwickeln kann. - Wer bin ich in der Gruppe? Wie sehen mich die anderen Teilnehmer? Was kann ich selbst alles in der Gruppe tun? - Dies sind Fragen, die den Teilnehmer beschäftigen. Durch die Schaffung von Gruppengrenzen, u.a. durch die Auseinandersetzung mit dem Leiter, können diese Fragen beantwortet werden. Meines Erachtens bietet das gruppendynamische Konzept von Ammon dem Menschen sowohl die Möglichkeit, seine Rolle in der Gruppe zu reflektieren, als auch die Möglichkeit, sich durch den gruppendynamischen Prozess weiterzuentwickeln. Das Konzept von Bion bietet dies nicht. Von daher werde ich mich im weiteren Verlauf dieser Arbeit auf die Erfahrungen von G. Ammon beziehen.

Der Leiter: Die zentrale Figur in der Gruppe

Im obigen Abschnitt wurden die Phasen eines gruppendynamischen Prozesses beschrieben und schon kurz auf die Funktion des Leiters/der zentralen Figur eingegangen. In diesem Punkt möchte ich weiter erläutern, mit welchen unbewussten Prozessen der Leiter von Seiten der Teilnehmer konfrontiert wird. Gerade dieses Erfahrungswissen (hiermit meine ich u.a., dass ein Leiter als Teilnehmer selbst gruppendynamische Prozesse erlebt hat) kann nicht nur im Rahmen einer

Studiengruppe wichtig sein, sondern auch in Organisationen des beruflichen Lebens eine Rolle spielen.

Fritz Redl versteht unter der „zentralen Person" die Person, „um die herum gruppenbildende Vorgänge stattfinden, den Kristallisierungspunkt" des ganzen Geschehens.

Der Ausdruck „zentrale Person" steht für den Menschen, der in den Mitgliedern einer potentiellen Gruppe die Herstellung emotionaler Beziehungen zu seiner Person und damit den Prozess der Gruppenbildung hervorruft" (Fritz Redl, Gruppenemotion und Führerschaft in G. Ammon, Analytische Gruppendynamik, S. 118).

Damit sagt Redl aus, dass nicht nur der Leiter die zentrale Figur ist, sondern im fortschreitenden Gruppenprozess auch andere Menschen die „zentrale Person" sein können.

Wichtig ist es meines Erachtens, dass der Leiter die unbewußten Gruppenprozesse erfassen kann und damit als Gruppenleiter die Funktion einer zentralen Figur für die Gruppe übernehmen kann. Nur wenn der Leiter selbst keine Angst vor den unbewussten Konflikten der Gruppe hat und bereit ist, sich diesen Konflikten zu stellen, nur dann kann er der Gruppe und ihren Mitgliedern dabei behilflich sein, in sich selbst die Kräfte für die Lösung ihrer Probleme zu finden." (G. Ammon, Was macht eine Gruppe zur Gruppe?, S. 61)

Die unbewussten Vorgänge in der Gruppe

Für Ammon ist die Aggression eine Ich-Funktion „der Persönlichkeit, als ein Vehikel allen menschlichen liebenden und schöpferischen Tuns im Dienste des Le-

bens- und Erfahrungstriebes" (G. Ammon, Gruppendynamik der Aggression, S.73)

Ammon unterscheidet zwischen zwei Aggressions-
typen. Zum einem die konstruktive und kreative Aggression und zum anderen die destruktive Aggression.
Die konstruktive Aggression versteht er als ein „neu-
gieriges Herangehen an Dinge und Menschen" (ebd. S.
73), die destruktive Aggression als Pathologie dieser
Ich–Funktion. Diese Aggression hemmt „jeden Ansatz
von Selbstverwirklichung, Arbeitsleistung und Liebe"
(s.o.)

Gerade zu Beginn der Gruppenbildung ist die Auseinandersetzung zunächst „immer aggressiv, die zentrale
Figur wird angegriffen."

„Hält der Leiter dieses Austesten aus, dann stellt er
den Orientierungspunkt für den weiteren Gruppenprozess dar. Das Durcharbeiten der destruktiven Aggression in der Gruppe kann das Entstehen von Iden-
tifikationsprozessen ermöglichen.

Deutlich wird der Zusammenhang von Aggression,
Gruppengrenzen und zentraler Figur in der Sünden-
bockdynamik. Der Leiter stellt sich schützend vor das
angegriffene Gruppenmitglied und zieht die destruktive Aggression auf sich. Die Gruppe hat dadurch die
Möglichkeit sich in der gemeinsamen Wendung gegen
den Leiter zu identifizieren, weil er selbst durch seine
Identifikation mit dem schwächsten Gruppenmitglied
ein Vorbild bietet." (St. Pautsch, Auswertung Studiengruppe 01)

Widerstand bedeutet „ die Weigerung, unbewusste
Prozesse im Individuum wie auch in der Gruppe zur
Kenntnis zu nehmen". (G. Ammon, Vorwort zu Wider-
stände in analytischen Ausbildungsgruppen, S. 164)

In Gruppen äußert sich der Widerstand in Form von Schweigen, zu spät kommen, das Thema meidende Diskussionen, das Erzählen von netten Geschichten, nicht zuhören, das Ausschließen des Leiters usw..
J. Muller sieht „drei Zentren des Widerstandes:

1. die Gruppe
2. den Analytiker (dem Leiter)
3. das Subjekt selbst (J, Muller, Widerstände in der analytischen Ausbildungsgruppe, S. 165, in G. Ammon, Analytische Gruppendynamik, 2003)

Gegenüber dem Leiter äußert sich der Widerstand, in dem er z.B. ausgeschlossen wird. Dieser Widerstand ist in einer Angst begründet, da von Seiten der Teilnehmer der Leiter als allwissend angesehen wird. „Auf einer irrationalen Ebene wird er auch als jemand erlebt, der aufgrund seines Wissens, das er allein besitzt, alles errät und programmiert." (J, Muller, Widerstände in der analytischen Ausbildungsgruppe, S.168, in G. Ammon, Analytische Gruppendynamik, 2003).
Der Widerstand gegen das Sprechen betrifft das Subjekt selbst. „Sprechen bedeutet in dieser Situation, sich preiszugeben und sich auszuliefern. Das Sprechen ist das Instrument, das mir erlaubt, Position zu beziehen sowie zu verstehen." (ebd. S. 169)
Der Leiter hat die Funktion diese Widerstände zu erkennen und nicht einer Widerstandsform den Vorrang zu geben.

Unter Übertragung „ist das allgemeine Phänomen der Wahrnehmung und Interpretation gegenwärtiger Situationen im Lichte vergangener Erfahrung bzw. ähnlicher Situationen" (Lexikon d. Psychologie, S. 2383-2834) zu verstehen.

Als Gegenübertragung wird das Gefühl bezeichnet, das der Gruppenleiter selbst hat, und dem Teilnehmer gegenüber äußert bzw. interpretiert.

Hier ist der Leiter besonders gefordert, sich selbst zu hinterfragen. „Was macht der Teilnehmer mit mir?", „Welche Gefühle löst er in mir aus?". Da der Leiter auch eigene biografische Erfahrungen auf seinen Teilnehmer überträgt, ist es notwendig, zwischen den eigenen Anteilen der Übertragung des Leiters und der von dem Teilnehmer induzierten Gegenübertragung zu unterscheiden.

Die führerlose Gruppe

Frank M. Kline beschreibt eine Gruppe von acht Psychoanalytikern, die sich zusammengefunden haben, um Probleme und Unzufriedenheit mit ihrer Arbeit, der Familie und sich selbst zu bearbeiten. Schon von vornherein betrachtete sich diese Gruppe als „führerlos" bzw. als eine „gruppendynamische Gruppe ohne vorgegebenen Leiter" (Frank M. Kline, Die Dynamik einer führerlosen Gruppe, S. 131, in G. Ammon, Analytische Gruppendynamik, 2003).

Innerhalb der Gruppe äußerten die Teilnehmer nicht ihre Gefühle, die sie selbst hatten bzw. die sie den anderen Teilnehmern gegenüber empfanden. Anstelle dessen traten die „charakterbedingten Abwehrmechanismen" (ebd. S. 133) auf.

Ein Mitglied der Gruppe war unfähig, seine wahren Gefühle auszudrücken, stattdessen benahm er sich in einer selbstherrlichen, arroganten Weise, die verletzend und abweisend war. Für die anderen Mitglieder machte er sich somit unerreichbar.

109

Ein anderes Mitglied zeigte sich zynisch, resigniert und hatte eine kritische Haltung gegenüber den anderen Teilnehmern, die es aber nicht ausdrückte.

Erst als ein Gruppenmitglied wütend wurde und sich dahingehend äußerte, dass ihn die „allgemeine Abwehrhaltung und die übergroße Vorsicht ärgerten" (Frank M. Kline, Die Dynamik einer führerlosen Gruppe, S. 135 in G. Ammon, Analytsiche Gruppendynamik, 2003), brachte er die Gruppe dazu, sich mit diesen „abnormen, psychotischen Verhalten" (s.o.) auseinander zu setzen.

Durch diese Äußerung der Emotionen übernahm dieses Mitglied eine Führungsaufgabe. Er brachte die Gruppenmitglieder dazu, sich über ihre Gefühle im Hinblick auf die Gruppe zu äußern.

Die Gruppe bemerkte dabei, dass die Offenlegung von Gefühlen weder der Gruppe noch irgendeinem ihrer Mitglieder schaden konnte.

Ein anderes Gruppenmitglied achtete auf den Gruppenprozess, in dem er darauf aufmerksam machte, „dass alles Geschehen im Hinblick auf den Gruppenprozess betrachtet werden müsse", (S.135) und dass nicht alle Gefühle auf Gruppen und Individuen außerhalb der Gruppe zu richten sind.

Zum einem übernahm die ganze Gruppe die Leiterrolle durch gemeinsame Beschlüsse und zum anderen übernahmen einzelne Mitglieder der Gruppe Führungsfunktionen.

Ein Erfahrungsbericht aus einer städtischen Freizeiteinrichtung für Kinder

Diese Fallbeschreibung bezieht sich auf eine Sozialpädagogin ohne Leitungsfunktion in einer Kinderfreizeiteinrichtung. Der Leiter ließ sich für vier Monate beurlauben. Die Leitungsfunktion wurde nicht offiziell auf die Sozialpädagogin übertragen.

Die Einrichtung
Die Freizeiteinrichtung liegt in einem Stadtteil, der als sozialer Brennpunkt angesehen wird. Kinder im Alter von 6 – 14 Jahren besuchen die Einrichtung während der Öffnungszeit von Montag – Freitag in der Zeit von 14.30 – 18.30 Uhr. Die personelle Besetzung bestand aus zwei hauptamtlichen Mitarbeitern, einem Jahrespraktikanten, einem Zivildienstleistenden und vier Honorarkräften mit einem begrenzten Stundenkontingent.

Fallbeschreibung

Zur Mitte des Jahres ging der Projektleiter der Freizeiteinrichtung in eine viermonatige Beurlaubungszeit. Einzelne Aufgaben des Projektleiters übernahm die hauptamtlich tätige Sozialpädagogin ohne vorherige klare Absprachen und Klärung der Verantwortlichkeit von Leitungs-funktionen. Zu den Aufgaben zählten die Fach- und Dienstaufsicht (Dienstpläne, Gebäudemanagement, Budgetierung, Inventarisierung und Öffentlichkeitsarbeit) und die Anleitung und Betreuung des Zivildienstleistenden.
Um den personellen Wegfall des Projektleiters im Öffnungsbetrieb abzudecken, wurde eine neue weibliche Honorarkraft eingestellt. Diese neue Mitarbeiterin verfügte über keinerlei Erfahrungen in der offenen Jugend- und Kinderarbeit. In den ersten Wochen wurde sie von unterschiedlichen MitarbeiterInnen in einzelnen Arbeitsbereichen eingearbeitet.
Bald stellte sich heraus, dass die Arbeitssituationen in einem völligen Chaos endeten. Räume, die von der

neuen Mitarbeiterin mit den Kindern benutzt wurden, waren länger geöffnet, als sie sein sollten. Regeln, die die Einrichtung betrafen, waren mehr oder weniger außer Kraft gesetzt.

Der Jahrespraktikant äußerte seine Betroffenheit über die strukturlosen Arbeitsabläufe gegenüber der Sozialpädagogin. Im Rahmen ihrer Selbstreflexion und anhand eines Organigramms wurde der Sozialpädagogin bewusst, dass sie die Verantwortung und Leitung der einzelnen MitarbeiterInnen übernehmen musste. Im Rahmen eines Mitarbeitergespräches konnte die bestehende Struktur der Gruppe verdeutlicht werden. Bestehende Regeln wurden vermittelt und die neue Mitarbeiterin wurde in die Arbeitsgruppe integriert.

Der Jahrespraktikant war in dieser entscheidenden Situation die zentrale Figur. Er bemerkte die Bedürfnisse der Arbeitsgruppe und konnte diese auch der Sozialpädagogin vermitteln. Diese konnten dadurch von der Sozialpädagogin aufgenommen werden.

Lösungsorientierte Ansätze

Zwei Faktoren halte ich innerhalb der Fallbeschreibung für maßgebend. Zum einen, dass die stellvertretende Leitung der Einrichtung nicht maßgebend geklärt ist. Der Arbeitgeber gibt keine klaren hierarchischen Strukturen vor, die innerhalb der Einrichtung gelten, d.h. Leitungsfunktionen werden von einer übergeordneten Person übernommen, in dem Fall der Bezirksjugendpfleger, der aber nicht vor Ort tätig wird. Die Übertragung der Leitungsfunktion auf die Sozialpädagogin würde Klarheit in der hierarchischen Struktur der Arbeitsgruppe bedeuten.

Zum anderen die unzureichende Dienstübergabe vom Projektleiter zur Sozialpädagogin. Der Projektleiter hätte im Vorfeld die stellvertretende Leitung mit dem Arbeitgeber klären müssen und ggf. die Leitungsfunktionen auf die Sozialpädagogin übertragen müssen. Hierbei wäre die Rollenverteilung innerhalb der Arbeitsgruppe klar definiert gewesen. Die neue Mitarbeiterin hätte im Vorfeld eine Bezugsperson gehabt, die mit ihr die einzelnen Arbeitsbereiche und Strukturen der Einrichtung kennen gelernt hätte. Denn für die neue Mitarbeiterin bedeutete der Einstieg in ein unbekanntes Arbeitsfeld eine Auseinandersetzung mit ihrer beruflichen Rolle und (eine Auseinandersetzung) mit neuen Kollegen. Die Sozialpädagogin als Bezugsperson hätte Orientierungshilfen angeboten, um Unsicherheiten und Ängste der Mitarbeiterin aufzunehmen und abzubauen. Gruppengrenzen können sich nur schließen, wenn ein Verhältnis geschaffen wird, das von Vertrauen geprägt ist. Die Mitarbeiterin hätte sich dann im weiteren Verlauf ihrer Tätigkeit an die Sozialpädagogin wenden können.

Im oben genannten Beispiel wurde das Arbeitsfeld unbewusst von der Sozialpädagogin vorgegeben, ohne die unausgesprochene Leitungsfunktion zu übernehmen, d.h. die Sozialpädagogin stellte sich nicht, wie bei dem gruppendynamischen Konzept von G. Ammon, den Aggressionen der Gruppenmitglieder, sondern sah sich einem „Chaos" gegenüber, das sie durch ihre passive Haltung hervorgerufen hatte. Durch Fritz Redl wissen wir, dass nicht nur der Projektleiter die zentrale Figur in einer Arbeitsgruppe sein kann, sondern in fortschreitenden Gruppenprozess dies auch andere Gruppenmitglieder übernehmen können. In meinem Beispiel übernahm kurzfristig der Jahrespraktikant die Rolle der zentralen Person in der Arbeitsgruppe, indem er die Bedürfnislage der Arbeitsgruppe erkannte und diese der Sozialpädagogin mitteilte.

Dadurch, dass der Projektleiter seine Leitungsfunktion unzureichend der Sozialpädagogin übergeben hatte und eine neue Mitarbeiterin der Gruppe zugefügt wurde, entstand ein neuer Prozess. Die Gruppe stand in der so genannten Anfangsphase. Kreative und konstruktive Beiträge für das Arbeitsfeld gingen verloren und die Zusammenarbeit in der Gruppe verlief in einem Chaos. Der Arbeitsgruppe war nicht bewusst, wer die Rolle der Führung übernehmen sollte.

Der Praktikant erkannte das Arbeitschaos und die Bedürfnisse der Gruppenmitglieder und stellte diese der Sozialpädagogin dar. Durch ein Teamgespräch konnte die Sozialpädagogin die bestehende Struktur der Gruppe verdeutlichen und verinnerlichen, dass sie Verantwortung und Leitung der einzelnen Gruppenmitglieder übernehmen musste.

Abschlussbemerkung

Innerhalb meiner Ausbildung zur Supervisiorin, der Auseinandersetzung mit gruppendynamischen Prozessen und der Funktion des Leiters sind mir viele Dinge bewusst geworden. Zum einen, dass sich der Leiter nicht verstecken darf und sich der Auseinandersetzung mit den Teilnehmern stellen muss, und zum anderen, dass die Soziale Kompetenz (z.B. Teamfähigkeit, Kommunikationsfähigkeit, Verantwortungsbewusstsein, Sensibilität und Wahrnehmungsfähigkeit), wie es von Leitern innerhalb des Beruflebens erwartet wird, nicht in die „Wiege" gelegt wird. Meines Erachtens ist die Soziale Kompetenz an die Entwicklungsprozesse des Menschen innerhalb von Gruppen gebunden. Negative Erfahrungen in Gruppen, wie z.B. in der Primärgruppe, haben Auswirkungen auf den Menschen. Seine Einstellung zu Menschen und sein Verhalten gegenüber anderen Menschen wird ein anderes sein als bei positiven Erfahrungen. In diesem Sinne kann die Teilnahme an gruppendynamischen Prozessen (z.B. Studiengruppe, Balintgruppen) negative Erfahrungen korrigieren, und die Ich-Entwicklung des Menschen fördern.

Ein weiterer Aspekt betrifft die bewussten und unbewussten Prozesse innerhalb der Gruppe. Wie oben beschrieben, ist die Anfangsphase eine wichtige Phase innerhalb eines Gruppenprozesses. Die Mitarbeiterin (siehe Fallbeispiel), die neu hinzugekommen ist, bedeutet für die Arbeitsgruppe eine neue Phase des Gruppenerlebens. Kontaktaufnahme und die Herstellung einer Beziehung sind verbunden mit dem Interesse und der Auseinandersetzungsfähigkeit des Leiters zu den Mitarbeitern. Unsicherheiten, Begegnungsängste, Widerstände der Mitarbeiter muss der Leiter durch seine konstruktive Aggression des Daraufzugehens bei den Mitarbeitern abbauen, damit die Arbeitsgruppe als Gruppe funktionieren kann.

Ohne die Kenntnisse von gruppendynamischen Prozessen kann ein Leiter nur die äußerliche Struktur wahrnehmen. Auf das Berufsfeld bezogen, würden sich die Mitarbeiter nicht mit dem Arbeitsfeld und auch nicht mit der Arbeitsgruppe identifizieren, wodurch Unzufriedenheit und Sinnlosigkeit des eigenen Tuns vorprogrammiert sein würden.

Nachtrag

Wenn man davon ausgeht, dass wir Menschen nur 10 % bewusst erleben und 90 % des Seins unbewusst bleibt, dann ist es nur zu verständlich das sich in dieser Arbeit das Unbewusste eingeschlichen hat. Ich beschreibe zwei Aggressionsformen von Ammons Humanstrukturmodell, jedoch gibt es noch eine dritte Form, die defizitäre Aggression. Hierbei handelt es sich um eine Aggressionsform, in der nichts mehr geschieht. Es besteht kein Interesse mehr am anderen Menschen, an persönlicher Veränderung, an Kreativität usw.

Würde man es auf eine Arbeitsgruppe beziehen, dann könnte man von einer „toten" Gruppe sprechen. Konzeptionelle Veränderungen wären nicht mehr möglich, die Auseinandersetzung der Mitarbeiter fände nicht mehr statt, Kommunikation spielte sich auf der oberflächlichen Ebene ab, der Mitarbeiter/die Mitarbeiterin ginge seiner/ihrer Tätigkeit nach, ohne einen Sinn in darin zu sehen. Dies sind Erscheinungen, wie man sie in der vorherigen Fallbeschreibung findet. Wäre Kommunikation, Interesse an der Tätigkeit vorhanden gewesen, dann wäre die stellvertretende Leitungsfrage im Vorfeld geklärt worden.

Vielleicht hat sich das Unbewusste deshalb in diese Abschlussarbeit geschlichen, weil defizitäre Strukturen Angst machend und lähmend sind. Sind diese Strukturen aber bewusst, so gibt es Möglichkeiten, sie aufzulösen. Dieses bedarf aber einer kreativen Auseinandersetzung mit sich selbst und seinen Mitarbeitern, vor der man keine Angst haben sollte.

Literaturverzeichnis

1. Erwin Lemche, der Beitrag von W.R. Bion zur psychoanalytischen Gruppentherapie, S.3)
2. Grinberg u.a., in, Ross A. Lazar, Einige Hauptaspekte von W.R. Bions Modell der Gruppe und ihrer Anwendung in der Supervision und Beratung sozialer Institutionen, S. 104)
3. G.Ammon, Handbuch der Psychiatrie, 1979
4. G. Ammon, Analytische Gruppendynamik, 2003

5. G. Ammon, Was macht eine Gruppe zur Gruppe?, in: G. Ammon, Analytische Gruppendynamik, 2003
6. W. Stangl, Arbeitsblätter
7. Fritz Redl, Gruppenemotion und Führerschaft, in: G. Ammon, Analytische Gruppendynamik, 2003
8. St. Pautsch, Auswertung Studiengruppe 01, 2005
9. G. Ammon, Gruppendynamik der Aggression, in: G. Ammon, Analytische Gruppendynamik, 2003
10. G. Ammon, Vorwort zu Widerstände in analytischen Ausbildungsgruppen, in: G. Ammon, Analytische Gruppendynamik, 2003
11. Lexikon d. Psychologie, S. 2383-2834
12. Frank. M. Kline, Die Dynamik einer führerlosen Gruppe, in: G. Ammon, Analytischen Gruppendynamik, 2003

Tao und Gruppe

Armin Pesch

In Erinnerung an ein gemeinsames, spannendes Vortrags-Seminar-Wochenende

In den Chinesischen Classics werden die Begriffe: Tao und Yin/Yang - Monade häufiger erwähnt als alle anderen Worte. Der Grund für dieses Phänomen ist ihr Stellenwert in der chinesischen Philosophie und Gesellschaft als auch ihre sprachliche Bedeutungsvielfalt.
Tao bedeutet: Sinn, Weg, Essenz, Seinsgrund, Ahn aller Dinge, Uranfang.
Yin und Yang sind zwei Kräfte oder Energien, die gegeneinander gerichtet sind und doch ohne einander nicht auskommen.
Deshalb sagt Lao Tse als philosophischer Relativist: „…Sein und Nicht-Sein sind eins dem Ursprung nach und nur verschieden durch den Namen…"
Die Bedeutung von Sein und Nicht-Sein ist im Okzident gegenteilig zu der im Orient. Die Ursache für die logischen Bedeutungsunterschiede liegt in der Betrachtungsweise jener Worte. Während wir im Abendland Sein mit Wahrhaftigkeit gleichsetzen und Nicht-Sein mit Wert, sehen die Menschen im Morgenland im Nicht-Sein eher die Existenz außerhalb des Diesseits und im Sein eher das Leben im Hier und Jetzt.

Bezüglich der Chinesischen Classics unterteilen wir die chinesische Geschichte in die Zeit des Universismus bis 600 BC, des Universalismus zwischen ca. 600 BC und 1900 AD und des Laizismus ab 1900 bis dato.

Die Bezeichnung Tao ist untrennbar mit dem Taoismus verbunden, der bereits im chinesischen Universismus ursprünglich begründet wurde.

Der chinesische Universismus enthält neben:

- der Vorstellung einer persönlichen Gottheit
  in Gestalt von Pan Gu, der Weltenschlange oder dem Weltendrachen auch noch
- die Vorstellung eines unpersönlichen Absolutums
  in Fom des dynamisch-universellen Entwicklungs zyklus des Wu Gi über Tai Chi mit Yin und Yang zu den (5, 6, 8, n) Elementen und deren Spezifikationen sowie
- einem ausgeprägten Ahnenkult
  in der so genannten 1. Welt [Nordamerika, Westeuropa, Vereinigte Emirate, Hong Kong, Singapur, Shanghai, Japan, Korea, Neuseeland, Australien] nur noch rudimentär vorhanden,
  in der so genannten 2. Welt [ehemaliger Warschauer Pakt, Albanien, Cuba, Mongolei und China, Vietnam] nur noch in der älteren Bevölkerung und auf dem Lande vorhanden,
  in der so genannten Dritten Welt [ehemalige Entwicklungsländer] bei den Akademikern seltener vorhanden – sonst schon),
- der einen differenzierten Totenkult
  (in der „1. Welt" ein ausgeprägter Brauch mit einer stark juristischen Tabubelegung),
  in der „2. Welt" ein eher tolerierter und
  in der „3. Welt" ein natürlich vorhandener Kult), mit einschließt und einen
- politischen Kollektivismus, aber einen
- philosophisch-medizinischen Individualismus.

Das dualistische Schöpfungsprinzip hat auch in Europa Tradition. Zum einen stehen wir in der Tradition des politheistisch denkenden antiken Griechenlands mit seinen Göttern, Halbgöttern, Titanen, Giganten und Musen, zum anderen in monotheistisch - christlicher Tradition eines einzigen persönlichen Absolutums.

Pan Gu (aus Yin und Yang) lässt sich mit dem „gewundenen Tier" Leviathan vergleichen: Auch sie umschlingt die Erde und steht für die chaotischen Urkräfte. Erst in späteren Zeiten wurde mit dem Weltendrache Leviathan die Versuchung zur Sünde verbunden.

Betrachten wir Ahnenkult und Totenkult in Abhängigkeit von Wohlstand und Wissenschaftssicht der Kulturen, so ist augenfällig: Mit der Entfernung von der Natur und Orientierung zur Technik und materiellen Kultur hin, verbannen die Menschen die Ahnen, als seien sie nie lebendige Individuen gewesen. Sie fürchten den Tod als bösen Schatten, ohne sich bewusst zu werden, Teil von ihm zu sein.

Moderne Betrachtungen über Leben und Tod kommen zu anderen Aussagen: Wenn in der Praxis alles relativ ist, dann sind es auch Leben und Tod.

Das Sterben beginnt nach dieser Vorstellung bereits mit Zeugung und Geburt, und mit dem Tod als Übergang zu einer anderen Dimension gedeiht ein anderes Leben, möglicher Weise auch eine andere Lebensform – körperfrei.

Wie auch immer, im alten China glaubten die Menschen, ihre Ahnen lebten mit ihnen im Hause oder der Wohnung oder doch ganz in ihrer Nähe.

Sie besäßen auch gute oder schlechte Charaktere. Böse Geister waren rastlos und nicht ortsansässig. Sie suchten stets andere Behausungen auf und manipulierten ihre lebendigen Mitbewohner. Gegen schlechte/ böse Geister schützten sich die Lebenden, in dem sie vor den Türen und Fenstern (Haus-/ Wohnungsöffnungen) Spiegel aushingen; denn schlechte Geister konnten ihr Spiegelbild nicht ertragen, erschraken und verschwanden.

Der politische Kollektivismus hat die Europäer glauben gemacht, ein Asiate denke ausschließlich kollektivistisch, was jedoch nicht stimmt.

Die Aufgabe des Individualismus im politischen Alltag bedeutete im alten Asien nicht nur den Nachteil für die Masse der Menschen, gesellschaftlich unmündig und Sklave des Herrschers oder der Herrscherkaste zu sein, sondern auch den Vorteil der beschleunigten Einigkeit des Volkes und systemischen Stabilität in einer jahrhunderte langen Unruhe ständig miteinander bitter konkurrierender Fürstentümer, blutiger als in Europa, zum langen Leid der meisten Menschen.

Mit dem 6. Jahrhundert BC wandelte sich der Universismus zum Universalismus. Unterschiedlich zur Zeit vorher war dann, dass sich akademisches Wissen mit abstrakten Vorstellungen immer mehr durchsetzte, und durch die Spezifizierung der Vorstellungsaspekte neue Fachgebiete und kulturkonforme Religionen entstanden. Deren Vertreter definierten, was zuvor nur vage und angedeutet Teil der Gedankenwelt der Chinesen war. Zudem erneuerte Kung Fu Tse die gesellschaftliche Struktur in China durch eine stringente Lebensordnung, ohne allerdings den Ahnenkult zu verbannen.

Lao Tse abstrahierte den philosophischen Relativismus durch metapherartige Paradoxa und wies auf Idealzustände hin, die sich durch schlichte Natürlichkeit erreichen ließen, ohne jedoch den Werten übertriebene Bedeutung beizumessen.

Buddha, aus Indien kommend, wurde zunächst als Adept belächelt, der den Taoismus nicht richtig verstanden hätte. Er lebte weniger als der Staatsphilosoph Kung Fu Tse, aber mehr als Lao Tse, im Hier und Jetzt und konkretisierte für die nicht-akademische Masse die Inhalte des Taoismus wieder.

Viel zu sehr war die Körperlichkeit der Menschen präsent, als in Kategorien hoher und höchster Ideale zu denken, viel zu egoistisch war die Mehrheit, um schlicht leben zu wollen.

„Alles Leben ist Leiden und Sterben.", sagte Buddha und sprach damit die grundsätzliche Versehrtheit des sterblichen Menschen an. Seine Zuhörer jedoch bezogen seine Worte auf ihr kümmerliches Leben und nahmen deshalb den Buddhismus als Glaubenslehre begierig an.

„Alles Leben ist Leiden und Sterben, und die größte Sünde des Menschen ist das Haften an irgendetwas.", lehrte er. Europäer sprechen bei seiner Betrachtung der irdischen Zusammenhänge gerne von Zweckpessimismus der breiten, armen Bevölkerungsmasse. Nun, wer reich und glücklich ist, muss sich auch nicht veranlasst sehen, religiös zu sein, weil er bereits das Paradies auf Erden hat.

Pracht und Glanz in Monarchien und Religionen, falls sie hoffnungstragend waren, sind sowohl im Osten als auch im Westen immer auch für alle zur Schau gestellt worden, um auf paradiesische Zustände im Jenseits hinzuweisen, die dann für alle erreichbar sind, um Unzufriedenheiten im Diesseits wertlos erscheinen zu lassen.

Die stringente Sittenlehre des Kungfutsianismus, der deduktive Universalismus des philosophischen Taoismus und die Heils- sowie Reinkarnationslehre des Buddhismus *zeitgleich* führten zu einem bis dahin nie erlebten Wir-Gefühl der Chinesen und begründeten ihre kulturellen Höchstleistungen.

Um die Jahrhundertwende des letzten Jahrtausends endete der Niedergang dieser Hochkultur, weil Uneinigkeit und höfische Intrigen das Land schwächten. Der Kindkaiser war regierungsunfähig, seine Mutter zu dogmatisch. Viele europäische Länder überholten die Kriegstechnik der Chinesen und die Durchschlagkraft ihrer Waffen. Die Einigkeit der Kolonialmächte bezüglich des Feindbildes Japaner und Chinesen ermöglichte zusammen mit ihrer Waffenstärke und der Nicht-Geschlossenheit der beiden asiatischen Länder ihre siegreiche Überlegenheit. Gegen Ende des 19. Jahrhunderts „starben die Japanischen Classics durch die modernen Gewehrsalven und Kanonen der Portugiesen" und zu Beginn des 20. Jahrhunderts „starben die Chinesischen Classics im Kugelhagel der vereinigten europäischen Streitmächte gegen den Boxeraufstand von Peking." Der letzte chinesische Kaiser war nur eine Marionette der ausländischen Machthaber, die das riesige Land jedoch auch nicht beherrschen konnten.
Der Rest ist Geschichte.

Heute glauben die Intellektuellen Chinas an fast gar nichts mehr und die anderen „im Reich der Mitte" an beinahe alles.
Seit der Neuzeit ist China ein laizistischer Staat mit Religionsfreiheit, aber spirituellen Ausübungsbe-

schränkungen für die Allgemeinbevölkerung, da die Angst der kommunistischen Herrscher vor einer unkontrolliert wachsenden „Volkeskraft" aufgrund der Spiritualität zu groß ist, als das sie die völlige Freigabe der Esoterik (Def. nach Prinz Dschero Khan: Tiefer in das Wesen der Dinge blicken) erlauben werden.

Vergleichen wir die Epochen Chinas miteinander, so ergibt sich folgendes Bild:
In der Zeit bis ca. 600 BC herrschte in China der Universismus mit archaischen Vorstellungen über die Dinge der Welt und einem ausgeprägten Ahnenkult vor. Politisch spielte der Einzelne keine Rolle und war austauschbar. In der Großfamilie wurde das Leben durch die Götter-, Dämonen- und Geisterwelt bestimmt.
Medizinisch-religiös verstanden sich die Menschen zwar als Individuen, jedoch nicht unabhängig von einer unbestimmten Allgottheit. Schamanisten behandelten vorwiegend die kranken Menschen der Unterschicht, Heilkundige der TCM die Kranken der Oberschicht. Eine Mittelschicht existierte nicht.
Die meisten Disziplinen der Chinesischen Classics (Taologie, TCM und Kriegskünste/ Kampfkünste, Blumensteckkunst, Sprache und Kunst-Kultur) existierten bereits, waren nur noch nicht auf allen Gebieten ausdifferenziert und für alle Menschen zugänglich.
In der Zeit zwischen 600 BC und dem Ende des 19. Jahrhunderts herrschte in China der Universalismus vor mit den drei Aspekten:
Kungfutsianismus für Sittlichkeit und Ordnung (Dominanz der Körperlichkeit und Sozialität),
Taoismus für die universellen Prinzipien (Dominanz der Spiritualität und Geistigkeit) und

Buddhismus für das Seelenheil (Dominanz der Religiosität mit Erlösungshoffnung)

Der politische Kollektivismus stärkte das Volk und die Leistungen des Einzelnen wurden honoriert, was der Kultur des Landes zur Blüte gereichte.

Sexualität wurde tabuisiert und der Ahnenkult gefördert, was die Auswüchse des Einzelnen kontrollierbarer machte.

Kungfutsius forderte den *goldenen Weg*, was in Europa als „Kategorischer Imperativ" von Kant bekannt wurde.

Das taoistische Prinzip des Wu Wei (Nichts Tun [was gegen universelle Prinzipien verstößt], ist viel tun), dominierte in der Großfamilie.

Man mag als Europäer hier die Aufforderung zum (universell) besonnen Handeln sehen, eine frühe Form der Kokreation (Def. nach Armin Pesch: Gegenseitige Beobachtungsverantwortung [zum Wohl und Schutz aller Beteiligten in einer sozial-schöpferischen Kommunikation und Interaktion]).

Dieses Prinzip wirkte sich umso stärker aus, je mehr sich zeitgleich das Prinzip durchsetzte, den Mittelweg [best möglichen Weg] zu beschreiten.

Der Kungfutsianismus verbot das Öffnen von Leichen und verhinderte mit dieser Maßnahme, Kenntnisse über Anatomie und Pathologie zu erlangen.

Um in dieser Situation Menschen effektiv behandeln zu können, mussten die Wissenschaftler jener Zeit ein vergleichbar gutes System kennen. Der Ausbau des extern zugänglichen Meridiansystem - seit Kaiser Fou Hi, je nach Autor ca. 2000 - 4000 BC - über Erfahrungen mit Hieb- und Stichverletzungen auf dem Schlachtfeld sowie das systematische Erfassen von Korrelationen zwischen bestimmten Verletzungen und anschließenden charakteristischen Symptomen, lieferte den Ärzten schließlich jenes Wissen, welches nötig war, um effiziente medizinische Hilfe zu leisten, unabhängig von der Schichtzugehörigkeit.

Durch das sich stärker etablierende Handwerk mit seinen Facharbeitern entstand eine breite Mittelschicht, die dem Staat die finanzielle Stabilität brachte, um ein solch riesiges Land zeitkonstanter als in vergangenen Jahrhunderten krisenfrei zu führen.

In einer wertreichen, aber uniformen Welt waren die buddhistischen Leitgedanken Trost- und Hoffnungsspender für die breite, unterprivilegierte Masse. Der Buddhismus war konkreter und anfassbarer für die Menschen als der abstrakte Taoismus, in dessen Tempeln kein oder kaum religiöses Beiwerk stand, außer einem Tai Chi- oder Pa Kwa - Symbol - im Boden eingelassen.

Ab dem Anfang des 20-igsten Jahrhunderts degenerierte die chinesische Hochkultur durch systemtypische Handlungen einer oligarchisch orientierten Herrscherschicht, die Kung Tses Weitsicht nie mehr erreichen sollten und zwar auf Kosten der breite Masse bis zur Armutsuntergrenze, als auch durch die Ausbeutungen ausländischer Mächte.

Unter Mao setzte sich dieser Trend fort. Obwohl Mao selbst Taoist war, wollte er den Inhalt seines Wissens aber nicht seinem Volk zugestehen. Er verbot die Classics allgemein und die taoistische Esoterik besonders, vereinfachte die Sprache bis zur Ausdruckslosigkeit so, dass der Empfänger Mühe hat, den Sender zu verstehen. Die kulturelle Vielfältigkeit schränkte er bis zur Unkenntlichkeit uniform und starr ein. Er stürzte sein Volk fast bis ins Mittelalter zurück.

Der Rest ist Zeitgeschichte und Politik.

Heute öffnet sich China dem Westen stetig und adaptiert zu schnell seine Werte und Technik, ohne dass das Volk diesen geistigen Sprung nachvollzogen hätte.
Ein Wagnis, dessen negative Konsequenz bereits in Persien unter seinem damaligen Schah deutlich beobachtbar war (was wir kulturelle Entwurzelung nennen).
Augenblicklich scheint, wie in der „1. Welt", die Betonung dessen, was die jetzigen Machthaber des „Land der Mitte" wollen, auf naturwissenschaftlichen und ökonomischen Erfolgen zu liegen, fern ab, soziale, ökologische und spirituelle Erkenntnisse großartig zu fördern.

In einem kleinen Mikrokosmos können wir heute in einem geeigneten Team die Vorteile des alten Orients und teilweise des alten Europas sowie die Vorzüge des neuen Okzident holistisch nutzen und anwenden, wahrscheinlich sogar positiv infizierend einsetzen.
Die moderne gruppendynamische Sichtweise von Berns, Perls, Petzold, Balint, Ammon und anderer kommt der taologischen Vorstellung von der „Funktion der universellen Elemente und Prozesse" recht nahe.
Allerdings drücken wir die Dinge heute anders aus. Wir sprechen von Informations- und Informationsergänzungstheorie, energetischen Prinzipien, gruppendynamischen Prozessen, Kokreation und Ba-Feldern, Synchronizität und Chaostheorie, morphologischen Strukturen und anderen Phänomenen mehr.

Mit Ausnahme der expliziten Benennung sind diese Aspekte unseres Seins immer schon existent und auch anders ausdrückbar gewesen, aber die logisch-mathematische Berechenbarkeit heute, weil wir das Verfahren zu diesen Schritt in Händen halten, macht die eben beschriebenen Ereignisse (für viele Menschen) greifbarer und schneller umsetzbar (für uns „Mängelwesen"). Nur weil der abstrakte philosophische Taoismus meist kognitiv nach außen erscheint, heißt das nicht, dass er nur kopflastig strukturiert ist.

In der Taologie ist sehr wohl Platz für Motivation, Emotion, Intuition und Kreativität; denn seine Vertreter wissen, diese psychologischen Ebenen gestalten menschliches Verhalten mehr mit als Kognitionen.

Wer die Wu Dang Prinzipien studiert hat, weiß, dass gerade die taoistischen Mönche mit der Kritik vor der reinen Vernunft (siehe auch Kant) gewarnt haben, da Kognition und Logik zuweilen unangemessen sind und sich ihr Einsatz oft zu spät auswirkt, weshalb sie als Überlebensstrategien häufig genug versagen.

Die situative Optimierung der Fähigkeiten und Fertigkeiten ermöglicht dem Wissenden die Beherrschung von Körpern, Stoffen und Prozessen in Raum und Zeit; der Weise verzichtet auf sie, wohl wissend, sie ist vergänglich.

Kein Wunder kann größer sein als endlich den Dickicht des Schlichten zu durchdringen, um auf ein noch größeres Wunder blicken zu können, dessen Faszination von Individuen jedoch erbärmlich auf das menschliche Licht scheint angesichts der immerwährenden Manifestation von wertgleichen Dingen.

Dennoch, einem fehlbaren Wesen erscheinen sie ungleichartig und suggerieren ihm „unfehlbar" Werte - Werte, die der Keim der nötigen Disharmonie in einem endlichen System sind, um seine Begrenztheit zu überwinden.

In der Überwindung der Begrenztheit liegt die Hoffnung auf etwas Großartiges (unter dem Aspekt der Relativität in der Praxis), dessen Großartigkeit man (zum Schutz vor Hochmut) nicht gering genug (unter dem Aspekt des Absoluten in der Theorie) einschätzen kann.

Wer aber wird nun noch von Theorie und Praxis reden können, wenn doch der Gedanke an beide nichts nützt (unter dem Aspekt höchst möglichen Niveaus also sinnlos erscheinen muss; denn: Wenn alles relativ ist, dann ist alles Quatsch. Wenn alles Quatsch ist, dann ist es auch diese Aussage, aber auch der Zweifel an ihr und der Zweifel am Zweifel u.s.w., was übrig bleibt ist, eben wieder die Relativität aller Dinge)?

Nutzlos wie der löchernde Eimer, den ein Narr versucht immer wieder mit Wasser zu füllen, ohne ihn vorher seines empfangenden Zustandes beschenkt zu haben.

Jedoch findet sich zu einem Narren immer auch ein noch größerer Narr, der meint, mit dem dichten Gefäß eben dies (doch) zu erreichen.

Wäre die Zeit kein Hindernis, so könnte man zwischen diesen beiden Irrenden nicht unterscheiden, wäre der Raum kein Hindernis so könnten sich jene unglücklichen Kreaturen nicht einmal die Hände reichen.

Wäre die Situation nicht zum Schmunzeln, flössen Tränen der Verzweiflung.[1]

Gut, dass wir unseren Humor besitzen.

---

[1] Die Hoffnung (an den Glauben) stirbt zum Schluß, siehe auch Christentum, Lk. 22, 62: ..."Er drehte sich um/ er ging hinaus und weinte bitterlich".

Was ist die Liebe?

Josef A. Schmelzer

> Ein Tropfen Liebe ist mehr als ein
> Ozean Verstand.
> Blaise Pascal
> (19.06.1623 – 19.08.1662)

Analysiert man das Leben und dessen Bedingungen, dann erkennt man schnell, dass der Mensch einer Kraft bedarf, die ihn von Dingen abstößt und einer anderen Kraft, die ihn zu Dingen hinzieht. (Diese „Dinge" können materiell oder immateriell sein, belebt oder unbelebt).

Liebe ist ein Teil der hinziehenden Kraft, ein anderer ist die Lust. Beide sind miteinander verwandt. Lust ist aktueller, operativer, biologischer. Liebe ist zarter, hintergründiger, beständiger.

Lust ergibt sich dem Menschen u.a. dann, wenn er eine Liebe leben kann, sie erfüllen kann. Der Mensch, der seinem geliebten Kind ein Geschenk machen kann, hat Lust dabei.
Hält er sich in Gesellschaft von Freunden auf, hat er Lust und Freude.
Vollendet er erfolgreich ein Werk, hat er Lust.

Die Liebe hält den Menschen an, sich mit dem Geliebten zu beschäftigen.
Der sorgfältige Umgang des Philatelisten mit seiner Sammlung ist ein Beispiel.

Mit der Liebe verbinden wir das Bild vom Leben.
Ist es Ihnen nicht eben so gegangen, dass Sie das Beispiel vom Philatelisten als ein wenig deplatziert empfanden? Es hätte doch passendere Beispiele gegeben.

Ja, richtig, die Liebe zu etwas Leblosem, Gestrigem,
kommt zwar vor, erscheint aber doch als ein wenig
weltfremd und dem Wesen der Liebe nicht so recht
entsprechend.

Die Liebe ist mit dem Leben verbunden und ihm zu-
gewandt; sie ist sanft und tief zugleich. Wenn etwas
brennt, dann ist es das Verlangen, das mit der Liebe verbunden sein kann, aber die Liebe selbst brennt
nicht. Sie ist sanft, stark und leise.

Liebe ist die stärkste Macht der Welt,
und doch ist sie die demütigste, die man
sich vorstellen kann.
Mahatma Gandhi,
(02.10.1869 – 30.01.1948)

Autoren

Albrecht Göring, München, Dr. iur., Rechtsanwalt, Analytischer Gruppendynamiker (DGG), Supervisor, Analytischer Organisationsberater (DAO), Gruppenpsychotherapeut, Präsident der Deutschen Akademie für Analytische Organisationsberatung

Cornelia Jeschonnek, Haan, Bankkauffrau, Konfliktberaterin (DAO) und Dozentin für Konfliktberatung am Düsseldorfer Lehr- und Forschungsinstitut

Armin Pesch, Düsseldorf, Tsa Tse Monk Sifu Tjan, Prof. Dr. phil. in Taologie (CTE Universität, Taipei, ROC), Dr. of Medicine TCM (CMR Akademie, Taipei, ROC) und Prof. Dr. rer. nat. in Physiokinetik (CTE Universität Taipei, ROC) Int. Dipl.-Kampfsport- und Kampfkunstlehrer

Josef A. Schmelzer, Troisdorf, Prof. h.c., Dr. math., Mathematiker und Philosoph, Mitglied der Deutschen Aktionsgemeinschaft Bildung, Erfindung, Innovation (DABEI), Mitbegründer des Ost-West-Europaforums und des Club of Europe, seit Jahren Professional Member der World Future Society

Rudolf Selinger, Düsseldorf, Pädagoge, Analytischer Gruppendynamiker, Supervisor und Analytischer Organisationsberater, Leiter des Düsseldorfer Lehr- und Forschungsinstitutes

Anita Zimmermann, Düsseldorf, Dipl.-Soz. päd., Dipl.-Soz. wiss., Analytische Gruppendynamikerin und Supervisorin, sozialwissenschaftliche Leiterin des Düsseldorfer Lehr- und Forschungsinstitutes

Doris Wolters, Düsseldorf, Dipl.-Soz. päd., Groupworker (DAO), Dozentin für Gruppendynamik am Düsseldorfer Lehr- und Forschungsinstitut für Gruppendynamik und Analytische Organisationsberatung

Bildnachweis

Foto Titelbild „Crop circle in Switzerland"
Author: Jabberocky

I, Jabberocky, the copyright holder of this work, hereby release it into the public domain. This applies worldwide.
In case this is not legally possible:
I grant anyone the right to use this work for any purpose, without any conditions, unless such conditions are required by law.

Aufnahmedetails:
Hersteller Canon
Modell Canon PowerShot S45
Belichtungsdauer 1/800 Sekunden (0.00125)
Blende f/4.9
Erfassungszeitpunkt 16:12, 29. Jul. 2007
Brennweite 21.3125 mm
Kameraausrichtung Normal
Horizontale Auflösung 180 dpi
Vertikale Auflösung 180 dpi
Speicherzeitpunkt 10:31, 30. Jul. 2007
Y und C Positionierung 1
Exif-Version 2.2
Digitalisierungszeitpunkt 16:12, 29. Jul. 2007
Komprimierte Bits pro Pixel 3
Belichtungszeitwert 9.65625
Blendenwert 4.59375
Belichtungsvorgabe 0
Größte Blende 4.59375
Messverfahren Muster
Blitz 16
Farbraum sRGB
Sensorauflösung horizontal 8114.28571429
Sensorauflösung vertikal 8114.28571429
Einheit der Sensorauflösung Zoll
Messmethode Ein-Chip-Farbsensor
Benutzerdefinierte Bildverarbeitung Standard
Belichtungsmodus Automatische Belichtung
Weißabgleich Automatisch
Digitalzoom 1
Aufnahmeart Standard

Veröffentlicht in WIKIPEDIA
http://de.wikipedia.org/wiki/Bild:CropCircleW.jpg